바이블 베이직

Bible Basics: What Is The Christian Faith All About?
by Stephen J. Nichols

Copyright ⓒ 2024 Stephen J. Nichols
Originally published by Christian Focus Publications,
Geanies House, Fearn, Tain, Ross-shire, IV20 1TW, U.K.
www.christianfocus.com
All rights reserved.

This Korean edition copyright ⓒ 2025 Word of Life Press, Seoul, Korea.
Translated and published by permission.

바이블 베이직

ⓒ 생명의말씀사 2025

2025년 8월 25일 1판 1쇄 발행

펴낸이 l 김창영
펴낸곳 l 생명의말씀사

등록 l 1962. 1. 10. No.300-1962-1
주소 l 서울시 종로구 경희궁1길 6 (03176)
전화 l 02)738-6555(본사) · 02)3159-7979(영업)
팩스 l 02)739-3824(본사) · 080-022-8585(영업)

기획편집 l 정설아
디자인 l 최종혜
인쇄 l 영진문원
제본 l 다온바인텍

ISBN 978-89-04-02106-2 (03230)

저작권자의 허락 없이 이 책의 일부 또는 전체를
무단 복제, 전재, 발췌하면 저작권법에 의해 처벌을 받습니다.

스티븐 J. 니콜스 지음 구지원 옮김

BIBLE BASICS

바이블 베이직

성경의 개요와 핵심 교리를 쉽고
간결하게 정리한 기독교 신앙 입문서

생명의말씀사

| CONTENTS |

추천의 글 6
들어가는 글: 기초부터 다시 시작! 8

1	성경의 책들	13
2	성경의 큰 그림	27
3	언약	31
4	로마서와 복음	35
5	성경의 사건들	43
6	성경의 장소들	47
7	성경 암송	53

8	주기도문과 성경의 기도들	59
9	십계명과 가장 큰 계명	65
10	성경의 지혜	69
11	교회사의 유산	73
12	신앙의 기초: 교리에 대한 소개	83
13	교회	103
14	찬송가	107
15	예배	115

| 추천의 글 |

스티븐의 책 『바이블 베이직』이 출간되어 정말 감사하다! 스티븐은 재능 있는 학자로서 성도들과의 소통이 뛰어나다. 그것은 쉬운 일이 아니다! 내가 신앙생활을 시작했을 때 이 책이 있었다면 얼마나 좋았을까. 하지만 이 책을 주변 사람들의 손에 쥐여 줄 수 있는 것만으로도 기쁘다. 정말 유익한 책이다!

존 페릿 | Reformed Youth Ministries의 콘텐츠 기획자,
The Local Youth Worker 팟캐스트의 진행자, 작가

성경 읽기가 버겁게 느껴질 수 있다. 특히 내용을 잘 모르면 그렇다. 사도 바울은 고린도 교회에 "지혜에는 아이가 되지 말"라(고전 14:20)고 권면했다. 『바이블 베이직』은 바울의 권면을 실천하는 데 꼭 필요한 책이다. 유익한 정보로 가득한 니콜스 박사의 이 책은 창세기부터 요한계시록까지 빠르게 훑어 주며 중요한 이정표를 제시한다. 초신자가 성경을 이해하도록 돕는 완벽한 가이드다.

데릭 W. H. 토머스 | 리폼드 신학교 교수, 리고니어 미니스트리즈 교수진

간결함과 명료함을 갖춘 스티븐 J. 니콜스는, 하나님의 말씀을 처음 배우는 성도들이 평생토록 연구하고 성장할 수 있도록 든든한 기초를 마련해 준다. 새로운 도시를 여행할 때 가이드가 지혜로운 조언을 해 주는 것처럼, 『바이블 베이직』은 세상에서 가장 중요한 책인 성경의 변화무쌍한 흐름과 핵심 내용 및 이정표를 독자에게 오리엔테이션 해 준다. 이 책은 갓 회심한 성도라면 접해 보고 싶은 콘텐츠이며, 하나님이 교회에 주신 선물이다.

네이선 W. 빙엄 | 리고니어 미니스트리즈 사역자로서 Ministry Engagement 부대표, Renewing Your Mind 프로그램의 책임 프로듀서이자 진행자

| 들어가는 글 |

기초부터 다시 시작!

「후지어」(Hoosiers)는 '밀란의 기적' 이야기를 재구성한 영화다. 미국 인디애나주 어느 작은 마을에 있는 고등학교의 농구팀 코치가 불가능한 일을 이루어 낸 이야기다. 1954년, 전교생이 161명에 불과한 밀란고등학교가 주 대회 우승컵을 거머쥐었다. 하지만 시즌이 시작되었을 당시, 적어도 영화에서는, 팀은 우승컵과는 거리가 멀었다. 대체 코치는 어떻게 한 것일까? 그는 기본기부터 시작했다. 기본기란, 근본적인 원칙, 즉 가장 중요하고 중심이 되는 원칙을 말한다. 기본기에 해당하는 다른 단어가 바로 '기초'(basics)다. 코치는 기초로 돌아갔다. 초기 훈련에서는 슈팅도, 연습 경기도 허락되지 않았다. 오직 달리기, 드리블, 패스뿐이었다. 반복, 또 반복이었다. 기초가 최우선이었다. 기본기는 반드시 숙달되어야 했다. 그러고 나서야 경기를 했다. 그러자 승리가 이어졌고, 결국 주 대회 우승컵을 따냈다.

이 책은 제자도와 교리의 기본기에 해당하는 성경 기초를 제공한다. 여기서 성경의 책들, 성경의 장소들, 성경의 사건들에 대한 개관을 배우게 될 것이다. 언약의 개념을 탐구하면서 성경의 큰 그림을 보게 될 것이다. 묵상과 암송에 좋은 주요 성경 구절들 및 성경 속 기도들도 소개받게 될 것이다. 수 세기의 교회사로부터 핵심 개념도 배우게 될 것이다. 성경의 가르침을 더 잘 이해하기 위해 기초 교리를 익히게 될 것이다. 심지어 찬송가도 배우게 될 것이다.

이러한 기초들은 견고한 믿음을 세우는 주춧돌이 된다. 사실, 신앙의 깊이는 다 다를지라도, 누구에게나 이러한 기본기가 필요하다. 우리는 기초부터 다시 시작해야 한다. 반복, 또 반복해야 한다.

종교개혁가 마르틴 루터는 이렇게 말한 적이 있다. "비록 내가 많이 공부한 학자라 해도, 나는 어린이들에게 십계명, 사도신경, 주기도문을 가르치는 수준 너머에 도달하지 못했다. 아직도 나는 내 아들 한스와 어린 딸 레나와 함께 매일 배우고 기도한다."

루터의 요점은 기초가 중요하다는 것이다. 우리 모두 성경 기초에 완전히 숙달해야 한다. 자, 시작해 보자.

BIBLE BASICS

1
성경의 책들

'성경'(Bible)이라는 단어는 '책'을 의미하는 헬라어(=그리스어) '비블리온'(*Biblion*)에서 왔다. 성경은 총 66권으로 이루어진 한 권의 책이다.

A.D. 200년경, 교부(敎父) 터툴리안(Tertullian)은 39권의 책 모음을 가리켜 최초로 '옛 언약'(The Old Covenant), 즉 '구약'(The Old Testament)이라고 불렀다. 유대인들은 그 39권을 그들이 정리하고 분류한 방법에 따라 '율법서'와 '선지서'와 '성문서'라고 불렀다. 이 책들은 모세가 모세오경을 기록한 B.C. 15세기부터 B.C. 400년대까지 1천

교부 터툴리안

터툴리안은 A.D. 160–220년경에 살았다. '구약'과 '신약'이라는 용어를 처음 사용했으며, '삼위일체'(Trinity)라는 매우 중요한 용어도 만들었다. 초대교회 지도자들을 가리켜 교부(Church Father)라고 하는데, 그렇게 부르는 이유는 그들이 초기에 교회의 성장을 도왔을 뿐만 아니라 역사적 기독교 신앙의 확립에 이바지했기 때문이다. 교부의 시대는 A.D. 100–400년이다.

년의 세월을 다룬다.

터툴리안은 '신약'(The New Testament)이라는 용어도 처음 사용했다. 신약은 27권으로 이루어졌는데 모두 A.D. 1세기에 쓰였다. 신약 대부분은 서신서, 즉 편지글로서, 1세기 로마 제국에서 매우 흔한 장르였다. 그 외에 신약에는 역사서와 예언서도 있다.

Cannon(대포) vs. Canon(정경)
'n'이 두 개인 캐논(Cannon)은 펑 터진다! 우리가 피해야 할 대포알을 쏜다. 'n'이 한 개인 캐논(Canon)은 펑 터지는 일이 없다. 우리가 (피하는 게 아니라) 따라야 할, 믿음과 삶의 규율이다.

하나님은 성경을 기록한 인간 저자들에게 신령한 영감을 불어넣으셨다(벧후 1:16-21). 총 66권의 책만이 성경, 곧 '정경'(正經, Canon)으로 인정되었다. '캐논'이라는 영어 단어는 '갈대' 혹은 '눈금 있는 막대'를 뜻하는 히브리어 단어에서 유래했으며, 기준이나 규율이라는 개념을 갖는다. 정경은 교리와 삶의 규율이자 척도가 된다. 또한 성경의 책들이 신령한 영감을 받았는지, 권위 있는 본문인지를 분별하는 표준이자 기준이 된다.

정경 여부의 판별은 다음 네 가지에 따른다. 첫째, 책이 하나님의 말씀임을 직접적으로 주장한다. 예를 들어, 구약의 선지서에는 "이것은 여호와의 말씀이다"라는 문구가 반복해서 나온다. 둘째, 내용이 다른 책의 내용과 흐름을 같이한다. 가르침이 성경 전체의 가르침과 조화를 이룬다. 셋째, 저자가 선지자나 사도, 혹은 선지자나 사도와 독특하게 연결된 사람으로서 하나님에 의해 그분의 말씀을 기록하라는 부르심을 받는다. 마지막으로 넷째, 그 책이 널리 알려지고 받아들여진다. 단순히 소수의 무리나 한 지역에 국한되지 않는다.

성경=66권
구약성경=39권
신약성경=27권

정경과 관련해서 한 가지 더 알아야 할 것이 있다. 프로테스탄트 교회는 이 66권이 위의 네 가지 판별 기준에 부합하기 때문에 교회가 이 책들을 정경으로 공인(公認)한다고 믿는다. 여기서 중요한 단어는 '공인하다'이다. 어떤 책이 정경에 속하는지를 교회가 결정하거나 제정하는 것이 아니다. 교회는 그저 공인할 뿐이다.

구약성경의 책들

창세기	역대상	다니엘
출애굽기	역대하	호세아
레위기	에스라	요엘
민수기	느헤미야	아모스
신명기	에스더	오바댜
여호수아	욥기	요나
사사기	시편	미가
룻기	잠언	나훔
사무엘상	전도서	하박국
사무엘하	아가	스바냐
열왕기상	이사야	학개
열왕기하	예레미야	스가랴
	예레미야애가	말라기
	에스겔	

신약성경의 책들

마태복음	에베소서	히브리서
마가복음	빌립보서	야고보서
누가복음	골로새서	베드로전서
요한복음	데살로니가전서	베드로후서
사도행전	데살로니가후서	요한일서
로마서	디모데전서	요한이서
고린도전서	디모데후서	요한삼서
고린도후서	디도서	유다서
갈라디아서	빌레몬서	요한계시록

누가 성경을 기록했을까?

성경은 하나님이 우리에게 주신 책이다. 우리에게 성경을 주실 때, 하나님은 성경을 구성하는 여러 책을 저술하는 데 인간 저자들을 사용하셨다. 바로의 궁전에서 당대 최고의 교육을 받았던 모세처럼 고등 교육을 받은 이들도 사용하셨고, 어부였던 베드로처럼 최소한의 교육만 받았을 것 같은 이들도 사용하셨다. 하나님은 이러한 성경 저자들의 개성과 문체를 통해 일하셨다. 성경의 모든 단어와 말씀은 참되다. 모든 단어와 말씀이 하나님에게서 왔기 때문이다.

다양한 인간 저자들은 누구였을까? 구약의 저자는 모세에서 시작한다.

모세	창세기, 출애굽기, 레위기, 민수기, 신명기, 시편 90편 저자
에스라	역대상, 역대하, 에스라 저자
느헤미야	느헤미야 저자
솔로몬	잠언(공동 저자), 전도서, 아가 저자
이사야	이사야 저자
예레미야	예레미야, 예레미야애가 저자
에스겔	에스겔 저자
다니엘	다니엘 저자
호세아	호세아 저자
요엘	요엘 저자
아모스	아모스 저자
오바댜	오바댜 저자
요나	요나 저자
미가	미가 저자
나훔	나훔 저자
하박국	하박국 저자
스바냐	스바냐 저자
학개	학개 저자
스가랴	스가랴 저자
말라기	말라기 저자

시편은 다윗이 대부분을 썼지만, 다른 저자들도 있다.

아삽	모세
에단	솔로몬
헤만	고라 자손

시편 중에는 저자를 알 수 없는 시편도 있는데, 총 50편이 그러하다. 그 외에 구약성경에서 작자 미상의 책들은 다음과 같다.

여호수아	룻기	에스더
사사기	사무엘상, 사무엘하	욥기
	열왕기상, 열왕기하	

신약의 저자는 마태에서 시작한다.

마태	마태복음 저자
마가라 하는 요한	마가복음 저자
누가	누가복음, 사도행전 저자
요한	요한복음, 요한일서, 요한이서, 요한삼서, 요한계시록 저자
바울	로마서, 고린도전서, 고린도후서, 갈라디아서, 에베소서, 빌립보서, 골로새서, 데살로니가전서, 데살로니가후서, 디모데전서, 디모데후서, 디도서, 빌레몬서 저자
야고보	야고보서 저자
베드로	베드로전서, 베드로후서 저자
유다	유다서 저자

신약에서 저자를 알 수 없는 책은 히브리서 한 권이다.

구약의 장르

'장르'라는 단어는 저술이나 문학의 범주를 가리킨다. 구약의 장르에는 율법서, 내러티브(기승전결이라는 서사적 구조로 전개되는 이야기-역주)와 역사서, 시가서, 선지서가 있다. 히브리어 성경은 39권을 율법서, 성문서, 선지서라는 세 가지 범주로 나눈다. 예수님도 구약을 언급하실 때 이 전통을 따르셨다.

율법서	성문서	선지서
토라(Torah)	케투빔(Ketuvim)	네비임(Nevi'im)

율법서란 특별히 성경의 첫 다섯 권을 가리키는데, 여기에는 역사적 내러티브, 시, 율법과 조약이 들어 있다. 모세오경의 사건들은 인류 역사의 바로 첫날부터 시작해서 고대 근동의 세계로 알려진 시기까지 이어진다. '모세오경'(Pentateuch)이라는 단어는 두 개의 헬라어에서 왔는데, '펜타'(penta)는 다섯을 의미하고 '테우코스'(teuchos)는 두루마리 혹은 책을 의미한다. 모세오경은 성경의 첫 다섯 권의 책이다.

유대인들은 모세오경을 '토라'라고 부르는데, '율법'을 의미하는 히브리어에서 왔다. 오늘날 통치자들이 법을 제정하듯이, 당시에도 그랬다. 그리고 구약 시대에도 나라들끼리 조약이나 언약을 맺곤 했다. 그 결과, 모세오경에는 율법의 언어, 언약이나 조약의 언어가 곳곳에서 발견된다. 율법의 예로는 출애굽기 20장을, 언약의 예로는 창세기 12장 1-3절에서 하나님이 아브라함과 맺으신 언약을 참고하자.

율법서	창세기
	출애굽기
	레위기
	민수기
	신명기

　유대인들은 성문서를 '케투빔'이라고 불렀다. 히브리어로 '저술'을 의미한다. 성문서는 두 개의 장르로 구성되는데, 역사서(혹은 내러티브)와 시가서다. 역사서는 내러티브 형식을 사용한다. 내러티브에는 세 가지 핵심 요소가 있는데, 배경, 인물, 플롯이다. 출애굽기 3장을 보자. 무슨 배경인가? 어떤 인물이 나오는가? 그리고 플롯, 즉 이야기의 전개는 어떻게 되는가?

　대부분의 영어 시에는 라임이 있다. 히브리 시는 사상과 개념으로 라임을 만든다. 여기서 중요한 단어는 '대구법'이다. 대구법의 종류는 다양하다. 저자는 똑같은 것을 두 번 말함으로써 요점을 강조할 수 있다. 혹은 상반되는 두 가지를 말함으로써 둘을 대조할 수도 있다. 히브리 시의 또 다른 특징은 되도록 적은 단어를 사용해서 시를 간결하고 깔끔하게 유지한다는 것이다.

　시편 100편 4절에서 대구가 되는 단어를 찾아보자.

감사함으로 그의 문에 들어가며
찬송함으로 그의 궁정에 들어가서

성문서

역사서	시가서
여호수아	욥기
사사기	시편
사무엘상, 사무엘하	잠언
열왕기상, 열왕기하	전도서
역대상, 역대하	아가
에스라	
느헤미야	
에스더	

유대인은 구약성경의 선지서를 '네비임'이라고 부른다. '네비'는 '선지자'를 의미하는 히브리어이고, '네비임'은 복수형이다. 선지서는 시와 역사, 심지어는 율법과 언약이 들어 있다. 그리고 그 이름처럼, 예언이 들어 있다. 선지서는 생생한 은유와 다채로운 묘사를 사용하여 장래 일을 그린다. 때로는 예언이라는 장르를 설명할 때 '묵시'라는 단어를 사용하기도 한다. 에스겔 1장을 보면, 바퀴 안에 바퀴가 있는 네 마리 생물

타나크(Tanakh)
유대인들은 히브리어 성경을 '타나크'라고 부른다. 이것은 율법서, 선지서, 성문서라는 세 가지 영역의 말씀으로 구성된다.

토라
+ 네비임
+ 케투빔
= 타나크

의 이미지를 볼 수 있을 것이다. 선지서는 크게, 길이가 긴 대선지서와 길이가 짧은 소선지서로 나뉜다.

선지서	
대선지서	소선지서
이사야	호세아
예레미야	요엘
예레미야애가	아모스
에스겔	오바댜
다니엘	요나
	미가
	나훔
	하박국
	스바냐
	학개
	스가랴
	말라기

신약의 장르

신약은 세 가지 주요 장르로 구성된다. 역사서, 서신서, 예언서다. 우리는 이미 역사서와 예언서(선지서-역주)의 장르를 살펴보았다. 신약의 새로운 장르는 서신서, 즉 편지글이다. 편지글은 1세기에 매우 중요한 의사소통 방법이었다.

역사서
서신서
예언서

구약성경과 마찬가지로, 신약성경에도 역사서가 많다. 배경, 인물, 플롯을 기억하는가? 요한복음 6장 16-21절에서 이 세 가지를 다 찾아보자.

역사서 마태복음
       마가복음
       누가복음
       요한복음
       사도행전

앞서 언급했듯이, 고대 그리스-로마 시대에 서신서, 즉 편지글은 매우 대중적인 장르였다. 바울은 서신을 쓰는 기법에 통달한 사람이었다. 빌레몬서라는 짧은 서신서를 살펴보자. 바울은 편지를 시작하면서 1-3절에서 자신을 저자로 밝히고 수신자인 빌레몬에게 인사를 건넨다. 그리고 17-25절에서 편지를 끝맺는다. 그 중간이 편지의 몸통에 해당하는데, 거기에는 바울이 빌레몬에게 말하고 싶은 중심 교훈이 담겨 있다.

서신서의 저자는 바울만이 아니다. 야고보, 요한, 유다, 베드로, 그

> **고대 그리스-로마 시대**
> 이 시기는 헬라 제국과 로마 제국의 시대를 말한다. B.C. 300년대부터 A.D. 400년까지의 시기다.

리고 히브리서의 저자도 있다. 그래서 신약성경의 서신서는 바울이 쓴 바울서신과 기타 저자가 쓴 일반서신으로 분류한다.

서신서

바울서신

로마서	골로새서
고린도전서, 고린도후서	데살로니가전서, 데살로니가후서
갈라디아서	디모데전서, 디모데후서
에베소서	디도서
빌립보서	빌레몬서

일반서신

히브리서	요한일서, 요한이서, 요한삼서
야고보서	유다서
베드로전서, 베드로후서	요한계시록

신약성경의 마지막 책이자 성경 전체의 마지막 책은 예언 및 묵시 문학의 장르에 속한다. 헬라어에서 '묵시'는 '덮개를 벗기다', '계시하다'를 의미한다. 요한계시록을 쓴 요한은 장래에 일어날 일의 환상을 받았다. 덮개가 벗겨졌다. 하나님이 지금부터 영원까지 그분의 계획을 계시하셨다. 장차 일어날 일들을 가슴 벅차게 기록해 놓은 요한계시록 22장 1-5절을 읽어 보자.

예언서   요한계시록

BIBLE BASICS

2
성경의 큰 그림

상자 표지에 그려진 그림 없이 퍼즐을 맞춰 본 적이 있는가? 각각의 조각은 정말 매력적이지만, 그 그림 없이 퍼즐을 맞추는 것은 거의 불가능한 일이다. 성경도 마찬가지다. 우리는 성경 본문과 단독 구절만 보려는 경향이 있다. 아주 가끔 성경 전체를 보기도 한다. 하지만 만약 우리가 상자의 그림을 볼 수 있다면, 정말 큰 도움이 될 것이다.

사실, 성경의 큰 그림은 매우 단순하다. 성경은 하나님의 이야기다. 창조하시는 하나님, 자기를 위하여 백성을 구원하시는 하나님, 충만하고 영광스러운 교제를 위하여 자기 백성을 회복시키시는 하나님의 이야기다. 궁극적으로 성경은 처음부터 끝까지 하나님의 영광을 선포한다.

이 이야기는 네 가지 흐름에서 진행된다. 이 큰 그림을 염두에 두면 성경의 모든 조각을 맞추는 데 도움이 될 것이다.

창조

창조는 창세기 1-2장에 걸쳐 있다. 하나님은 아담과 하와를 창조하셨고 그들을 에덴동산이라는 완벽한 환경에 두셨다. 그들에게 필요한 모든 것을 공급하셨다. 저녁 서늘할 때, 하나님은 아담과 하와에게 찾아오셔서 함께 거니셨다. 즉, 하나님은 자기 피조물들과 친밀하게 교제하셨다. 하나님은 아담과 하와에게 한 가지 명령을 주셨다. 선악을 알게 하는 나무의 열매를 먹지 말라는 것이었다.

타락

타락은 창세기 3장 이후로 계속 이어진다. 아담과 하와는 그 한 가지 명령을 지키지 못했다. 그들은 명령을 어겼고 그에 따른 결과로 고통을 겪었다. 에덴동산에서 쫓겨났고, 이제 저주가 그들의 새로운 현실이 되었다. 모든 인간은 타락해 있다. 우리는 모두 '아담 안에' 있다. 타락의 영향력은 우리를 넘어 땅에까지 미친다. 우리는 타락한 세상에 살고 있다. 디트리히 본회퍼는 이것을 가리켜 "타락했고 타락하고 있는 세상"이라고 불렀다.

구속

하나님은 비록 창세기 3장에서 저주를 선포하셨지만, 구원자(Deliverer)와 구속자(Redeemer)를 주겠다고 약속하셨다. 이 구속자는 장차 올 씨(Seed)였다. 수천 년이 걸리겠지만, 그 씨는 마침내 올 것이었다. 구유에 누이신 아기로 말이다. 예수 그리스도는 아담이 하지 못한 일을 하셨다. 율법을 지키신 것이다. 또한 예수님은 아담이 한 일을 해결하셨다. 죄와 불법의 값을 치르신 것이다. 구속받은 모든 사람은 '그리스도 안에' 있다. 하지만 우리는 여전히 타락한 세상에서 살고 있다.

구약은 그리스도를 가리킨다. 신약의 복음서는 그리스도의 사역을 보여 주고 그리스도의 말씀을 선포한다. 신약의 서신서는 우리의 구속주이신 그리스도께서 하신 말씀의 의미와 행하신 사역의 의미를 풀어 설명한다. 타락과 죄가 어디에나 널려 있고 인류 역사에서 마구잡이로 튀어나올지라도, 그리스도와 십자가는 인류 역사 위에 압도하듯 우뚝 서 있다.

회복

타락의 순간, 아담과 하와는, 그리고 그들과 함께 우리는 모두 에덴동산에서 추방되었다. 요한계시록 21장은 새 하늘과 새 땅이 있을 것이라고 선포한다. 우리는 다시 에덴으로 회복될 것이다. 저주가 없어지고, 모든 죄와 애통과 병듦과 슬픔이 영원히 사라질 것이다. 우리는 하나님께 경배하며 그분과 더불어 다스릴 것이다. 영원무궁토록 하나님의 영광을 볼 것이다. 만물이 새로워질 것이다.

종합하면…

성경의 첫 두 장을 읽으면 창조에 대해 배우게 된다. 타락은 창세기 3장에 그리스도에 대한 약속과 함께 등장한다. 가운데를 건너뛰어 맨 마지막 책인 요한계시록에 이르면, 회복과 새 하늘과 새 땅에 대해 배우게 된다. 그 사이에서 우리는 창조에 대해 더 잘 알게 된다. 하나님의 형상대로 창조됨의 의미를 이해하게 된다는 뜻이다. 타락에 대해, 죄의 추함과 그것이 우리와 이 세상에 미친 영향에 대해 배우게 된다. 천국에 대해, 미래에 대해, 장차 올 새 시대에 대해 배우게 된다. 그리고 그 모든 것의 중심에서, 우리는 그리스도와 하나님의 구속 계획에 대해 배우게 된다.

성경 본문과 구절이라는 '퍼즐 조각'을 마음껏 맞추며 즐기자. 이때, 상자 표지의 그림을 기억하자. 창조, 타락, 구속, 회복이라는 위대한 이야기를 마음에 간직하자.

3
언약

구속의 이야기는 성경이 언약(covenant)에 관해 가르치는 내내 반짝반짝 빛난다. 사실, 성경은 하나의 거대한 언약이다. 언약은 두 당사자 간의 계약이다. 여기서 두 당사자는 하나님과 우리다. 때로는 'covenant'의 동의어로 'testament'를 쓰기도 한다. 언약의 개념에는 약속의 개념도 포함된다. 언약은 하나님이 체결하신 약속이다. 하나님의 모든 약속은 궁극적으로 그리스도를 가리킨다. 그리스도는 언약, 곧 하나님의 약속의 궁극적 성취다. 이사야 51장 15절의 앞부분과 51장 16절의 뒷부분이 언약을 잘 간추려 준다.

나는 네 하나님 여호와라 … 너는 내 백성이라.

우리는 하나님의 백성이요, "그의 기르시는 양"이다(시 100:3). 하나님은 자기 양을 사랑하시고, 자기 양을 돌보시며, 자기 양을 신실하게 지키신다. 우리는 모든 성경을 총괄하고 하나님의 모든 백성을 아우르는 이 하나의 언약을 가리켜 '은혜 언약'(Covenant of Grace)이라고 부른다. 이 언약은 성경 곳곳에서 점진적으로 모습을 드러낸다. 은혜 언약이 이렇게 모습을 드러내는 과정에서 성경의 다양한 언약들이 등장한다.

성경의 언약들은 다음과 같다.

아담과 하와 언약
　　창세기 3장
노아 언약
　　창세기 9장
아브라함 언약
　　창세기 12-17장
모세 언약
　　출애굽기 19-24장 | 신명기
다윗 언약
　　사무엘하 7장
새 언약
　　예레미야 31장 | 에스겔 33장

예수님은 배신당하시던 밤에 성찬을 제정하시면서 자신을 언약의 성취이자 정점으로 소개하셨다(마 26:26-29). 바울은 "십자가에 못 박

힌 그리스도"(고전 1:23)를 전하는 자신을 가리켜 "새 언약의 일꾼"이라고 소개했다(고후 3:6). 또한 히브리서 8장은 그리스도께서 어떻게 언약을 성취하셨는지를 보여 준다.

은혜 언약과 성경의 언약들을 공부하다 보면, 하나님은 언제나 약속을 지키신다는 사실을 배우게 된다.

4
로마서와 복음

바울이 로마인들에게 쓴 서신서는 복음을 명확하고 폭넓게 펼쳐 놓는다. '복음'(gospel)이라는 단어는 헬라어 '에반겔리온'(*evangelion*)에서 왔으며 '좋은 소식'이라는 뜻이다. 우리는 좋은 소식을 듣기 전에 먼저 나쁜 소식을 들어야 한다. 나쁜 소식이란, 우리가 죄로 인해 타락했고 죽어 있으며 하나님의 진노 아래 있다는 것이다. 좋은 소식이란, 우리가 하나님과 평화를 누릴 수 있다는 것이다.

로마서 1장	?	로마서 5장
하나님의 진노 아래 있음		하나님과 평화를 누림

우리는 어떻게 하나님의 진노 아래에서 벗어나 하나님과 평화를

누릴까? 그 답은 '하나님의 의'에 있다. 그런데 잠깐! 우리가 어떻게 하나님의 의에 도달할 수 있단 말인가? 우리는 할 수 없다. 우리는 죄인이고 의롭지 못하다. 하나님의 거룩함과 순전함의 기준에서 정반대에 있다. 하지만 좋은 소식이 있다. 그 좋은 소식이 바로 복음이다. 완전하시고 죄가 없으신 예수님이 자신의 삶과 죽음을 통해 하나님의 의를 성취하셨다. 예수님은 율법을 온전히 지키는 순종의 삶을 사셨고, 율법을 어긴 우리 대신 형벌을 받기 위해 죽으셨다. 하나님의 의가 예수 그리스도 안에 있다.

로마서 1장은 하나님의 진노에 대해 말한다. 로마서 5장은 하나님과의 평화에 대해 말한다. 딱 그 중간인 로마서 3장에서, 우리는 예수 그리스도를 믿는 믿음으로 말미암아 진노를 지나 평화에 이르렀음을 배운다. 로마서 3장 21-26절에서 바울이 예수님과 복음의 좋은 소식에 관해 무엇이라 말하는지 보자.

이제는 율법 외에 하나님의 한 의가 나타났으니 율법과 선지자들에게 증거를 받은 것이라 곧 예수 그리스도를 믿음으로 말미암아 모든 믿는 자에게 미치는 하나님의 의니 차별이 없느니라 모든 사람이 죄를 범하였으매 하나님의 영광에 이르지 못하더니 그리스도 예수 안에 있는 속량으로 말미암아 하나님의 은혜로 값없이 의롭다 하심을 얻은 자 되었느니라 이 예수를 하나님이 그의 피로써 믿음으로 말미암는 화목제물로 세우셨으니 이는 하나님께서 길이 참으시는 중에

전에 지은 죄를 간과하심으로 자기의 의로우심을 나타내려 하심이니 곧 이때에 자기의 의로우심을 나타내사 자기도 의로우시며 또한 예수 믿는 자를 의롭다 하려 하심이라.

우리는 하나님의 진노 아래 있다가 하나님과 평화를 누리게 된다. 이는 하나님의 사랑 아래서 그리스도의 인격과 사역을 통해서만 가능하다.

로마서 1장	로마서 3장	로마서 5장
하나님의 진노 아래 있음	그리스도 안에 있는 하나님의 의	하나님과 평화를 누림

로마서의 길

로마서에서 다음 핵심 구절들은 복음을 이해하는 길을 제공한다. 로마서의 길은 다른 사람에게 복음을 설명하는 방법이기도 하다.

로마서 1:20–21
로마서 3:10, 23
로마서 5:8
로마서 6:23
로마서 10:9–10
로마서 10:13

더 나아가 바울은 로마서 5장 12-21절에서 '아담 안에서'와 '그리스도 안에서'를 대조함으로써 복음을 설명한다. 아담과 그리스도의 대조는 성경을 관통하여 깊고 넓게 흐른다. 성경의 가르침을 요약하면 다음과 같다.

아담 안에서	그리스도 안에서
죄	구원
사망	생명
영원한 사망	영원한 생명
정죄-심판받고 유죄가 확정됨!	칭의-의롭다고 선언됨!
불화-하나님과 단절됨	화목-하나님과 연합됨
종	속량
속박	자유
죄책감, 수치심	용서받음
진노	평화

성경 66권 내내, 특히 로마서에서, 다음 세 가지 기본 개념이 강조되고 또 강조된다.

1. 하나님은 거룩하시고 완전히 의로우시다.
2. 우리는 우리의 죄 때문에 하나님과 단절되어 있다.
3. 우리의 죄에 대한 죗값을 치르고 우리를 다시 하나님께로 데려다줄 대속자가 필요하다. 우리에게는 예수님이 필요하다.

아담과 하와의 죄는 결과적으로 그들과 하나님 사이에 커다란 간극을 만들었다. 이 간극은 그랜드 캐니언과 비슷하지만, 훨씬 더 크다. 이 간극을 메우기 위해 그들 편에서 할 수 있는 일은 없다. 하나님의 거룩은 그분의 임재 앞에 일점일획의 죄도 없기를 요구한다. 우리에게는 대속자, 즉 속죄제물이 필요하다. 이 전부에 대한 약속을, 우리는 창세기 3장 15절에서 본다. 그리고 창세기 3장 21절에서는 첫 제물을 본다. 하나님이 성막과 제사에 대해 가르쳐 주시는 출애굽기와 레위기에서도 선명하게 본다.

'성막'(tabernacle)이라는 단어는 '거하다'를 의미한다. 하나님은 백성과 함께 거하기를 열망하시지만, 우리의 죄가 우리를 하나님에게서 단절시킨다. 제물은 일시적인 대속물이다. 하나님의 백성이 이스라엘에 정착했을 때, 솔로몬은 예루살렘에 성전(temple)을 지었다(왕상 6장). 성막은 텐트였고 들고 다닐 수 있었다. 이스라엘이 광야에서 떠돌며 이동할 때, 성막은 그들과 함께 움직였다. 성전은 돌로 지어졌다. 움직이지 않았다. 대신, 열두 지파로 흩어져 살던 이스라엘 백성이 성전으로 왔다.

성전은 돌로 지어졌지만 영구적이지는 않았다. 이스라엘이 느부갓네살에 의해 포로로 끌려갔을 때, 성전은 파괴되었다. 느헤미야와 에스라의 지도 아래서, 성전이 재건되었다. 하지만 그 성전도 영구적이지 않았다. A.D. 70년에 로마 제국에 의해 파괴되었다.

그리스도께서 사역 초기에 이렇게 가르치셨다. "너희가 이 성전을

헐라 내가 사흘 동안에 일으키리라"(요 2:19). 예수님은 자신의 죽음, 무덤에서의 사흘, 그리고 부활을 가리켜 말씀하신 것이었다. 예수님은 영원한 성전이신 동시에 영원한 제물이시다.

구약에서 제사는 매일 반복되어야 했다. 속죄일에는 흠 없는 어린 양이 도살당하고 그 피가 제단에 뿌려졌는데, 그 속죄일은 일 년에 한 번씩 반복되어야 했다. 하지만 예수님이 자기 피로 드리신 제사 이후로는 그렇지 않다. 예수님은 영단번에 자신을 제물로 드리셨다(히 8-10장). 그 제사는 영단번에 드려졌고 결코 반복될 필요가 없다. 예수님의 제사는 영구적이다. 세례 요한이 예수님을 처음 보았을 때 이렇게 선포했다.

보라 세상 죄를 지고 가는 하나님의 어린 양이로다(요 1:29).

이것이 바로 복음의 좋은 소식이다.

다음은 무슨 일이 일어날까?

구원 이후에는 변화가 찾아온다. 하나님의 은혜가 우리 인생을 바꾼다. 우리 삶이 하나님의 말씀에 일치되고 그리스도를 본받도록 바꾸는데, 이 모든 일은 성령님이 우리 안에서 일하심으로써 이루어진다. 바울은 변화를 가리켜 "마음을 새롭게 함"이라고 설명하는데, 이는 우리의 순종으로 증명된다. 그는 이에 대해 로마서 12장 1-2절에 다음과 같이 기록한다.

> 그러므로 형제들아 내가 하나님의 모든 자비하심으로 너희를 권하노니 너희 몸을 하나님이 기뻐하시는 거룩한 산 제물로 드리라 이는 너희가 드릴 영적 예배니라 너희는 이 세대를 본받지 말고 오직 마음을 새롭게 함으로 변화를 받아 하나님의 선하시고 기뻐하시고 온전하신 뜻이 무엇인지 분별하도록 하라.

은혜 이후 성장이 온다. 구원받을 때 우리에게 주어진 하나님의 은혜는 우리를 새로운 피조물이 되게 한다. 우리는 옛길에서 돌이켜 새 길로 향하고, 그리스도 안에서 새 삶을 산다. 하나님의 말씀을 읽고 순종할 때 그리스도인으로서 성장한다. 우리 삶에서 하나님의 인도하심과 도우심을 구하고 기도할 때 성장한다. 우리 이웃과 친구를 사랑하고 섬길 때 성장한다.

은혜 → 성장

5
성경의 사건들

성경의 사건과 이야기를 아는 것은 중요하다. 다음 도표는 중요한 사건들을 순서대로 이해해서 성경의 역사를 훑는 데 도움이 된다. 이런 사건들은 성경이 실제 시공간 속에서 일어났음을 우리에게 상기시킨다. 성경은 실제 인물들이 실제 장소에서 겪은 진짜 사건들을 기록하고 있다.

구약의 사건들

모세오경	**창조: 아담과 하와**
	타락
	홍수: 노아
	아브라함을 부르심, 족장 시대, 이삭과 야곱

열두 지파, 창세기 49장

르우벤
시므온
레위
유다
잇사갈
스불론
단
납달리
갓
아셀
요셉(나중에 두 지파, 에브라임과 므낫세가 됨)
베냐민

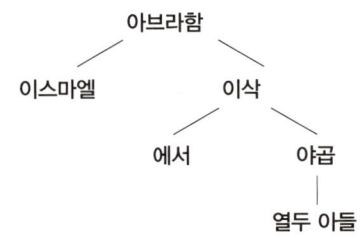

열두 아들, 열두 지파

여호수아　애굽에서의 종살이
　　　　　모세, 출애굽
　　　　　광야
　　　　　방황
　　　　　여호수아, 정복

사사기　사사 옷니엘부터 사무엘까지

역사서, 선지서　왕, 선지자: 사울, 다윗, 솔로몬
　　　　　　　분열 왕국: 유다(남쪽 두 지파)와 이스라엘(북쪽 열 지파)
　　　　　　　앗수르에 의한 이스라엘의 멸망
　　　　　　　바벨론에 의한 유다의 멸망
　　　　　　　추방
　　　　　　　귀환 및 재건
　　　　　　　400년 침묵기

신약의 사건들

복음서　그리스도의 탄생
　　　　그리스도의 공생애

	열두 제자의 부름	**오순절**(Pentecost)
	마지막 일주일, 종려주일부터 성금요일까지	'오순절'이라는 명절을 가리킨다. 이 단어는 '50'을 의미하며, 유월절 후 (초실절로부터-역주) 50일째 되는 날에 지키는 명절이다. (그해는 예수님이 부활하신 날이 초실절과 일치했으므로, 기독교에서는 오순절을 부활절 이후 50일째 되는 날로 기억하게 되었다.-역주)
	십자가에서의 죽음	
	부활	
사도행전	승천	
	오순절	
	베드로의 설교	
	바울의 회심	**순교자**(Martyr)
	바울의 선교 여행	'순교자'라는 단어는 '증인'을 의미한다. 초대교회부터 수 세기 동안, 그리고 우리가 사는 오늘날에도 많은 그리스도인이 박해의 시대에 예수 그리스도의 증인으로서 자기 목숨을 바쳤고 또한 바치고 있다.
	로마에서의 바울의 가택 연금	
서신서	바울과 베드로의 순교	
	밧모섬으로의 요한의 유배	

6
성경의 장소들

성경에 기록된 사건들은 시공간 속에서 일어났다. 구약성경은 고대 근동의 세계에서, 신약성경은 고대 그리스-로마 세계에서 발생했다.

바벨론(=바빌로니아), 앗수르(=아시리아), 애굽(=이집트), 메대-바사(=메디아-페르시아) 등은 구약성경의 배경이 되는 제국이자 장소였다. 고대 문명은 강을 따라 발달했다. 힛데겔강(=티그리스강)과 유브라데강(=유프라테스강)은 바벨론을 키웠고, 거대한 나일강은 애굽의 배경이었다. 이런 제국들은 서로 전쟁하고 무역했으며, 이스라엘 지역은 핵심 역할을 했다. 동지중해 해변과 요단강 사이에 있는 이스라엘은 아주 중요한 통로였다. 아브라함은 갈대아 우르(후에 바벨론이 됨)를 떠나 약속의 땅으로 가라는 부름을 받았다. 기근이 야곱의 아들들을 애굽으로 내몰았고, 그들은 거기서 웅덩이에 버려졌다가 팔려 간 동생 요셉을 만났다. 애굽에 있는 동안 이스라엘 나라는 종살이하는 민족이 되었다. 그러다가 하나님이 자기 백성을 구원하시기 위해 모세를 부르셨다. 재앙과 출애굽 이후, 이스라엘은 약속된 땅에 다시 들어가기 전에 시내 광야(=시나이반도의 광야)에서 한 세대 동안 방황했다.

이스라엘은 서쪽으로는 지중해를, 동쪽으로는 갈릴리 호수를 경계로 삼았다. 갈릴리 호수는 요단강으로 흘러들어 사해로 유입된다. 사해는 해수면보다 약 400미터나 낮은, 지구 표면에서 가장 낮은 고도의 장소다.

솔로몬 이후, 왕국은 북쪽 지파와 남쪽 지파로 분열되었다. 앗수르는 B.C. 733년에 북쪽 지파를 포로로 삼았다. 바벨론은 B.C. 597년에 남쪽 지파를 포로로 삼았다. 한 세대 후에, 고레스(=키루스 대왕)는 포로들의 귀환을 허락했고, 예루살렘 성벽과 성전의 재건이 시작되었다.

신약성경은 이스라엘 지역과 로마 제국의 지중해 세계를 배경으로 한다. 예수님은 나사렛 출신으로서 나중에 가버나움으로 이동하셨다. 갈릴리 호수 지역은 예루살렘과 더불어 예수님의 공생애 사역의 주요 무대가 된다. 종려주일부터 예수님이 십자가형을 받고 죽으셨다가 부활하시기 직전까지의 기간인 '고난 주간'에는 예루살렘이 그 중심 지역이 된다.

사도행전은 예수님이 예루살렘 외곽 감람산에서 승천하시는 것으

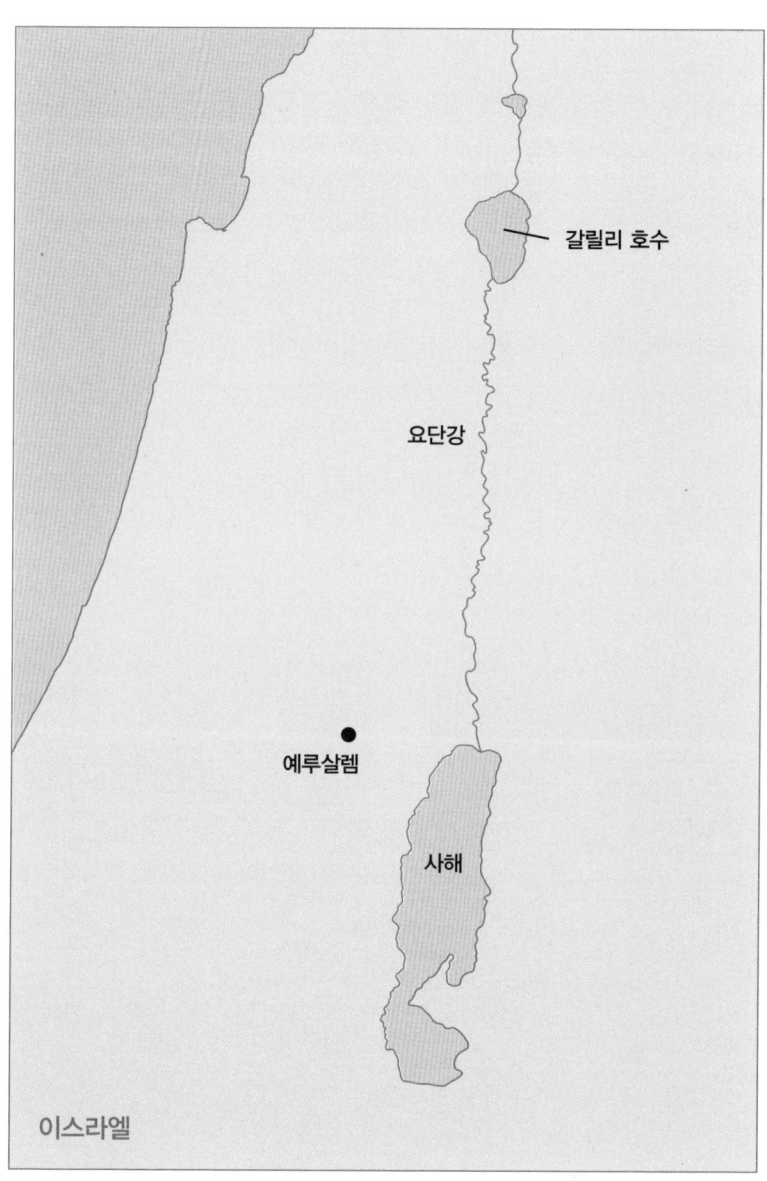

로 시작해서 바울이 로마에서 가택 연금되는 것으로 끝난다. 사도행전 13장은 바울의 첫 번째 선교 여행을 기록한다. 구브로(=사이프러스) 섬은 교회 역사에서 첫 번째 '해외 선교' 지역이었다. 바울은 세 번의 선교 여행과 로마로의 이송을 계기로 갈라디아(=튀르키예 중부), 아시아(=튀르키예 서부), 마게도냐(=그리스 북부) 등의 지방과 에베소(=셀주크), 데살로니가(=테살로니키), 아덴(=아테네), 고린도(=코린토스) 등의 도시를 방문했다.

앗수르 제국

애굽 제국

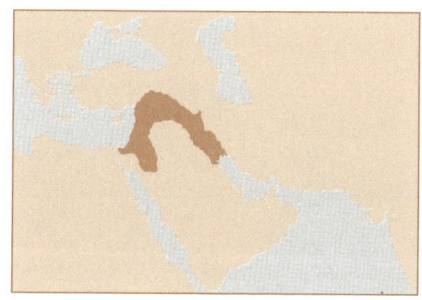
바벨론 제국

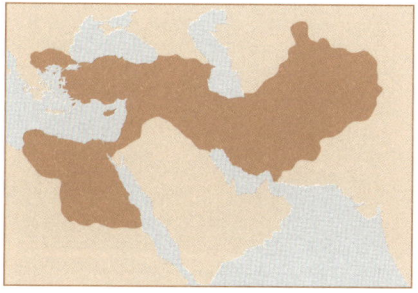
메대-바사 제국

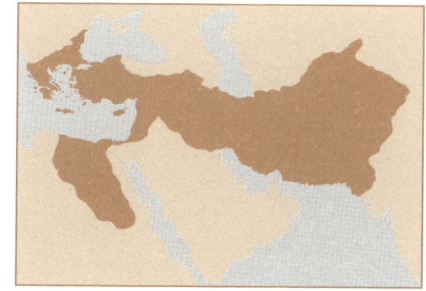
헬라 제국

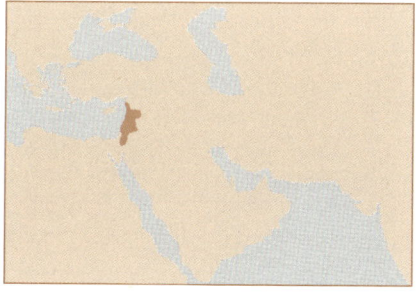
이스라엘 왕국

7
성경 암송

성경 암송은 신실한 제자 됨의 기본이다. 다윗은 모세오경을 기초로 하나님의 율법을 암송하고 묵상했다. 예수님은 광야에서 시험당하실 때 성경을 인용하여 사탄에게 대답하셨다.

성경 암송은 노력한 만큼의 보답이 뒤따르는 훈련이다. 당신의 시작을 돕기 위해 여기 짧은 구절을 소개한다.

데살로니가전서 5장 17절
쉬지 말고 기도하라.

그리고 짧은 구절 하나를 더 소개한다.

골로새서 3장 15절 하반절
감사하는 자가 되라.

그리고 다음 구절들도 함께 암송해 보자.

창세기 1장 1절
태초에 하나님이 천지를 창조하시니라.

시편 89편 1절
내가 여호와의 인자하심을 영원히 노래하며 주의 성실하심을 내 입으로 대대에 알게 하리이다.

잠언 3장 5-6절
너는 마음을 다하여 여호와를 신뢰하고 네 명철을 의지하지 말라 너는 범사에 그를 인정하라 그리하면 네 길을 지도하시리라.

요한복음 3장 16절
하나님이 세상을 이처럼 사랑하사 독생자를 주셨으니 이는 그를 믿는 자마다 멸망하지 않고 영생을 얻게 하려 하심이라.

요한복음 15장 12절

내 계명은 곧 내가 너희를 사랑한 것같이 너희도 서로 사랑하라 하는 이것이니라.

로마서 3장 23절

모든 사람이 죄를 범하였으매 하나님의 영광에 이르지 못하더니.

에베소서 2장 8-10절

너희는 그 은혜에 의하여 믿음으로 말미암아 구원을 받았으니 이것은 너희에게서 난 것이 아니요 하나님의 선물이라 행위에서 난 것이 아니니 이는 누구든지 자랑하지 못하게 함이라 우리는 그가 만드신 바라 그리스도 예수 안에서 선한 일을 위하여 지으심을 받은 자니 이 일은 하나님이 전에 예비하사 우리로 그 가운데서 행하게 하려 하심이니라.

시편 1편

복 있는 사람은 악인들의 꾀를 따르지 아니하며

죄인들의 길에 서지 아니하며

오만한 자들의 자리에 앉지 아니하고

오직 여호와의 율법을 즐거워하여

그의 율법을 주야로 묵상하는도다

그는 시냇가에 심은 나무가

철을 따라 열매를 맺으며

그 잎사귀가 마르지 아니함 같으니

그가 하는 모든 일이 다 형통하리로다

악인들은 그렇지 아니함이여

오직 바람에 나는 겨와 같도다

그러므로 악인들은 심판을 견디지 못하며

죄인들이 의인들의 모임에 들지 못하리로다

무릇 의인들의 길은 여호와께서 인정하시나

악인들의 길은 망하리로다.

시편 23편

여호와는 나의 목자시니 내게 부족함이 없으리로다

그가 나를 푸른 풀밭에 누이시며

쉴 만한 물가로 인도하시는도다

내 영혼을 소생시키시고

자기 이름을 위하여

의의 길로 인도하시는도다

내가 사망의 음침한 골짜기로 다닐지라도

해를 두려워하지 않을 것은

주께서 나와 함께하심이라

주의 지팡이와 막대기가

나를 안위하시나이다

주께서 내 원수의 목전에서

내게 상을 차려 주시고

기름을 내 머리에 부으셨으니

내 잔이 넘치나이다

내 평생에

선하심과 인자하심이 반드시 나를 따르리니

내가 여호와의 집에

영원히 살리로다.

8
주기도문과 성경의 기도들

제자들이 예수님께 기도를 가르쳐 달라고 하자, 예수님은 아래와 같은 기도문으로 답해 주셨다. 이 기도문의 한 줄 한 줄의 간구는 넓고 광활한 지평으로 들어가는 문을 제공한다. 우리는 주기도문이 '하나님'으로 시작한다는 점에 주목해야 한다. 우리는 자기 자신 너머를 보지 못할 때가 너무 많고, 우리의 기도 내용도 자기에게 초점을 맞춘 것이 많다. 주기도문은 하나님께 초점을 맞춘, 하나님 중심적인 삶이 필요하다는 점을 일깨워 준다.

하늘에 계신 우리 아버지여,
이름이 거룩히 여김을 받으시오며,

나라가 임하시오며,

뜻이 하늘에서 이루어진 것같이

땅에서도 이루어지이다.

오늘 우리에게 일용할 양식을 주시옵고,

우리가 우리에게 죄지은 자를 사하여 준 것같이

우리 죄를 사하여 주시옵고,

우리를 시험에 들게 하지 마시옵고,

다만 악에서 구하시옵소서.

나라와 권세와 영광이

아버지께 영원히 있사옵나이다. 아멘.

주기도문 외에도, 성경은 하나님의 백성이 올린 기도를 많이 기록하고 있다. 여기서는 세 가지 예를 소개한다. 첫째, 느헤미야의 기도는 간구와 중보의 기도다. 그는 여호와께 구체적이고 특별한 간청을 올려드린다. 둘째, 마리아의 '찬가'(Magnificat)는 찬송과 경배의 기도다. 마지막으로, 바울의 기도는 그가 에베소 신자들을 위해 어떻게 기도하는지를 알려 준다. 성경에서 이 기도들뿐만 아니라 다른 기도들을 읽을 때, 우리는 하나님을 영화롭게 하는 기도 방법을 배운다.

느헤미야의 기도, 느헤미야 1장 4-11절

내가 이 말을 듣고 앉아서 울고 수일 동안 슬퍼하며 하늘의 하나님 앞에 금식하며 기도하여 이르되

하늘의 하나님 여호와 크고 두려우신 하나님이여 주를 사랑하고 주의 계명을 지키는 자에게 언약을 지키시며 긍휼을 베푸시는 주여 간구하나이다 이제 종이 주의 종들인 이스라엘 자손을 위하여 주야로 기도하오며 우리 이스라엘 자손이 주께 범죄한 죄들을 자복하오니 주는 귀를 기울이시며 눈을 여시사 종의 기도를 들으시옵소서 나와 내 아버지의 집이 범죄하여 주를 향하여 크게 악을 행하여 주께서 주의 종 모세에게 명령하신 계명과 율례와 규례를 지키지 아니하였나이다 옛적에 주께서 주의 종 모세에게 명령하여 이르시되 만일 너희가 범죄하면 내가 너희를 여러 나라 가운데에 흩을 것이요 만일 내게로 돌아와 내 계명을 지켜 행하면 너희 쫓긴 자가 하늘 끝에 있을지라도 내가 거기서부터 그들을 모아 내 이름을 두려고 택한 곳에 돌아오게 하리라 하신 말씀을 이제 청하건대 기억하옵소서 이들은 주께서 일찍이 큰 권능과 강한 손으로 구속하신 주의 종들이요 주의 백성이니이다 주여 구하오니 귀를 기울이사 종의 기도와 주의 이름을 경외하기를 기뻐하는 종들의 기도를 들으시고 오늘 종이 형통하여 이 사람 앞에서 은혜를 입게 하옵소서.

마리아의 찬가, 누가복음 1장 46-55절

마리아가 이르되

내 영혼이 주를 찬양하며

내 마음이 하나님 내 구주를 기뻐하였음은

그의 여종의 비천함을 돌보셨음이라

보라 이제 후로는 만세에 나를 복이 있다 일컬으리로다

능하신 이가 큰 일을 내게 행하셨으니

그 이름이 거룩하시며

긍휼하심이 두려워하는 자에게

대대로 이르는도다

그의 팔로 힘을 보이사

마음의 생각이 교만한 자들을 흩으셨고

권세 있는 자를 그 위에서 내리치셨으며

비천한 자를 높이셨고

주리는 자를 좋은 것으로 배불리셨으며

부자는 빈손으로 보내셨도다

그 종 이스라엘을 도우사

긍휼히 여기시고 기억하시되

우리 조상에게 말씀하신 것과 같이

아브라함과 그 자손에게 영원히 하시리로다.

에베소서에 담긴 바울의 기도, 에베소서 3장 14-19절

이러므로 내가 하늘과 땅에 있는 각 족속에게 이름을 주신 아버지 앞에 무릎을 꿇고 비노니 그의 영광의 풍성함을 따라 그의 성령으로 말미암아 너희 속사람을 능력으로 강건하게 하시오며 믿음으로 말미암아 그리스도께서 너희 마음에 계시게 하시옵고 너희가 사랑 가운데서 뿌리가 박히고 터가 굳어져서 능히 모든 성도와 함께 지식에 넘치는 그리스도의 사랑을 알고 그 너비와 길이와 높이와 깊이가 어떠함을 깨달아 하나님의 모든 충만하신 것으로 너희에게 충만하게 하시기를 구하노라.

9
십계명과 가장 큰 계명

그러면 우리는 어떻게 살아야 할까? 성경은 윤리에 대해, 우리의 행동에 대해 많은 것을 말한다. 우리가 자주 간과하는 십계명의 매력은, 이 열 가지 계명과 윤리적인 명령이 우리가 하나님의 구원 행위를 깨닫고 난 후에 주어진다는 사실이다. 바울도 그의 여러 서신서에서 비슷하게 접근한다. 그는 먼저 우리가 그리스도 안에서 누구인지를 상기시키고, 그 후에야 우리 앞에 윤리적인 의무 사항들을 내놓는다. 십계명은 예수님이 복음서에서 요약해 주신 새 계명으로 이어진다.

십계명, 출애굽기 20장 1-17절

하나님이 이 모든 말씀으로 말씀하여 이르시되 나는 너를 애굽 땅,

종 되었던 집에서 인도하여 낸 네 하나님 여호와니라.

1. 너는 나 외에는 다른 신들을 네게 두지 말라.
2. 너를 위하여 새긴 우상을 만들지 말[라].
3. 너는 네 하나님 여호와의 이름을 망령되게 부르지 말라.
4. 안식일을 기억하여 거룩하게 지키라.
5. 네 부모를 공경하라.
6. 살인하지 말라.
7. 간음하지 말라.
8. 도둑질하지 말라.
9. 네 이웃에 대하여 거짓 증거하지 말라.
10. 네 이웃의 집을 탐내지 말라.

가장 큰 계명, 마태복음 22장 34-40절

예수께서 사두개인들로 대답할 수 없게 하셨다 함을 바리새인들이 듣고 모였는데 그중의 한 율법사가 예수를 시험하여 묻되

"선생님, 율법 중에서 어느 계명이 크니이까?"

예수께서 이르시되

"네 마음을 다하고 목숨을 다하고 뜻을 다하여 주 너의 하나님을 사랑하라 하셨으니 이것이 크고 첫째 되는 계명이요 둘째도 그와 같으니 네 이웃을 네 자신같이 사랑하라 하셨으니 이 두 계명이 온 율법과 선지자의 강령이니라."

10
성경의 지혜

역대하의 첫 장은 매우 흥미로운 이야기를 기록한다. 하나님이 솔로몬에게 나타나셔서 "내가 네게 무엇을 주랴 너는 구하라"라고 말씀하셨다. 만약 하나님이 당신에게 "네가 무엇을 구하든지 내가 그것을 네게 주겠다."라고 말씀하신다면, 무엇을 구하겠는가? 솔로몬은 무엇을 구했을까? '지혜'라고 답했다면, 맞다.

지혜란 분별 있는 삶을 의미한다. 우리는 모두 지혜가 필요하다. 솔로몬은 지혜를 구했다는 점에서 정말 지혜로웠다. 그리고 하나님은 그가 구한 것을 그에게 주셨다. 사방에서 사람들이 몰려와 솔로몬에게 문제 해결의 도움을 구했다. 솔로몬은 가장 지혜로운 사람이었다. 구약의 잠언은 솔로몬의 지혜가 많이 담긴 책이다. 잠언은 성경의 지혜 문학 중 하나이며, 지혜 문학에는 잠언 외에 전도서, 아가,

그리고 시편 중 일부도 포함된다. 신약의 야고보서 역시 지혜 문학으로 여겨진다.

성경이 가르치는 지혜에 관해 알아야 할 세 가지가 있다. 첫째, 지혜는, 모든 지식과 배움도 마찬가지인데, 여호와를 경외하는 것에서 시작한다. 잠언 1장 7절은 이것을 명확히 밝힌다.

> 여호와를 경외하는 것이 지식의 근본이거늘.

하나님을 경외한다는 것은 하나님을 하나님으로 높이고 공경하는 것이다. 하나님이 만물 위에 계시고, 하나님이 만물의 근원이시며, 하나님이 만물의 목적이시라는 사실을 인정하는 것이다. 하나님을 경외한다는 것은 하나님이 순전하시고, 거룩하시며, 완전하시고, 공의로우시며, 전능하시고, 영원하시다는 사실을 아는 것이다. 하나님은 시작과 끝이시다. 지혜로운 삶은 하나님을 경외하는 것에서 시작한다. 무엇을 하든지 하나님을 영화롭게 하는 것을 기억하라. 그것이 성경이 가르치는 지혜에 관해 우리가 첫 번째로 알아야 하는 바다.

지혜에 관해 알아야 할 두 번째는 두 개의 길과 관련된다. 시편 1편을 읽어 보자. 두 개의 길이 보이는가? 하나님의 말씀을 따르는 자는 "복 있는" 사람이다. "복이 있다"라는 단어는 '행복하다' 혹은 '충족되다'라는 뜻이다. 참된 기쁨과 만족을 의미한다. 어느 누가 그것을 원하지 않겠는가? 자, 다른 길도 보이는가? 하나님의 말씀에 대한 불

순종은 불행과 고통, 사망, 심판으로 인도한다. 잠언은 지혜로운 자의 길과 어리석은 자의 길을 대조한다.

성경이 가르치는 지혜에 관해 알아야 할 세 번째는 그것이 삶의 모든 영역과 연관되어 있다는 것이다. 성경의 지혜 문학이 미치지 않는 곳은 없다. 일에 대하여, 시간 관리에 대하여 말한다. 가족, 친구, 이웃과 관계 맺는 법에 대하여 말한다. 말하는 법과 말조심하는 법에 대하여 말한다. 부와 가난, 왕과 신하에 대하여 말한다. 기억하라. 지혜란 분별 있는 삶이다. 성경이 가르치는 지혜는 삶을 분별 있게, 신실하게, 순종하며 사는 것을 목표로 삼는다.

여호와를 경외함	순종의 길	복 있는/행복한	분별 있는 삶
자신을 의지함 혹은 세상을 의지함	불순종의 길	불행과 고통	어리석음과 패망

하루 한 장의 잠언

잠언은 총 31장으로 이루어져 있다. 그래서 한 달 동안 매일 각 장의 한 절, 혹은 몇 절, 혹은 한 장 전체를 읽으면 좋다.

잠언 3장 5-7절
너는 마음을 다하여 여호와를 신뢰하고

네 명철을 의지하지 말라

너는 범사에 그를 인정하라

그리하면 네 길을 지도하시리라

스스로 지혜롭게 여기지 말지어다

여호와를 경외하며 악을 떠날지어다.

그리고 지혜를 구하라. 야고보서 1장 5절은 이렇게 말한다.

너희 중에 누구든지 지혜가 부족하거든 모든 사람에게 후히 주시고 꾸짖지 아니하시는 하나님께 구하라 그리하면 주시리라.

솔로몬은 하나님께 지혜를 구했고, 하나님은 그에게 지혜를 주셨다. 하나님은 우리도 지혜를 구하라고 초청하신다. 그러므로 현명한 사람이라면 누구나 지혜를 구할 것이다.

11
교회사의 유산

성경은 우리의 확실한 기초이자 안내자다. 하나님은 수 세기 동안 교회를 양육해 오셨다. 그 세월 동안, 성경의 가르침을 요약하거나 제자 훈련을 돕는 유익한 문서들이 많이 나왔다. 여기서는 교회사의 풍성한 유산 중 일부를 간략히 소개하고자 한다.

사도신경(The Apostles' Creed)은 A.D. 2세기 초에 존재했던 여러 가지 신앙고백서에 그 뿌리를 둔다. 수 세기가 흐르면서 이런 신앙고백서들이 표준적인 형태를 취하게 되었다. 신앙고백서를 읽거나 낭독하는 것은 지난 2천 년의 교회사에 동참하는 것이다. '사도신경'이라고 불리는 이유는 사도들의 가르침을 요약하고 있기 때문이다. 라틴어로 '크레도'(*Credo*)는 '나는 믿는다'라는 뜻이다. '크리드'(Creed)는 신앙 혹은 신앙고백서를 가리킨다.

사도신경

전능하사 천지를 만드신 하나님 아버지를 내가 믿사오며,

그 외아들 우리 주 예수 그리스도를 믿사오니,

이는 성령으로 잉태하사 동정녀 마리아에게 나시고,

본디오 빌라도에게 고난을 받으사, 십자가에 못 박혀 죽으시고,

장사한 지 사흘 만에 죽은 자 가운데서 다시 살아나시며,

하늘에 오르사, 전능하신 하나님 우편에 앉아 계시다가,

저리로서 산 자와 죽은 자를 심판하러 오시리라.

성령을 믿사오며,

거룩한 공회와,

성도가 서로 교통하는 것과,

죄를 사하여 주시는 것과,

몸이 다시 사는 것과,

영원히 사는 것을 믿사옵나이다.

아멘.

또 다른 초대교회 신앙고백서는 325년 니케아 공의회에서 나온다. 당시에 예수님은 진짜 인간이 아니시거나 진짜 신이 아니시라는 거짓 가르침이 교회 안에서 가르쳐지고 있었다. 니케아 신조(The Nicene Creed)는 예수님이 참된 인간이시자 참된 신이시라는 성경의

가르침을 확인한다. '우리를 위하여, 우리의 구원을 위하여' 예수님은 신이시자 인간(God-man)이시다. 니케아 신조는 381년 콘스탄티노플 공의회에서 재확인되었다.

> **니케아(Nicea)**
> 니케아는 현대 튀르키예의 고대 도시였다. 당시 로마 황제 콘스탄티누스는 니케아에 궁전을 짓고 그곳의 교회 지도자들을 초청하여 A.D. 325년에 니케아 공의회를 열었다.

니케아 신조, 325년, 381년

우리는 유일하신 하나님, 전능하신 아버지, 하늘과 땅 및 보이는 모든 것과 보이지 않는 모든 것의 창조주를 믿습니다.

그리고 우리는 유일하신 주 예수 그리스도, 하나님의 독생자를 믿습니다. 그분은 창세 전에 하나님에게서 나셨는데, 하나님에게서 나신 하나님이시고, 빛에서 나신 빛이시고, 참 하나님에게서 나신 참 하나님이십니다. 그분은 나셨으나 창조되시지는 않았고, 성부와 동일한 본질이시고, 그로 인해 만물이 창조되었습니다.

그분은 우리 인간을 위하여, 우리의 구원을 위하여 하늘에서 내려오셨고, 동정녀 마리아에게 임한 성령님에 의해 성육신하셨고, 인간이 되셨습니다. 또한 그분은 우리를 위하여 본디오 빌라도 아래서 십자가형을 받으셨습니다.

그분은 고난당하셨고 장사되셨습니다. 그리고 성경대로 3일째 되는 날에 다시 살아나셨습니다. 그리고 하늘로 올라가셨고, 성부 하나님의 오른편에 앉으셨습니다. 그리고 산 자와 죽은 자를 심판하기 위해 영광스럽게 다시 오실 것입니다. 그분의 나라는 영원할 것입니다.

그리고 우리는 주님이시자 생명을 주시는 분인 성령님을 믿습니다. 그분은 성부와 성자에게서 나오셨습니다. 성부와 성자와 더불어 경배와 영광을 받으십니다. 그분은 선지자에 의해 말씀하셨습니다.

그리고 우리는 하나의 거룩하고 보편적이며 사도적인 교회를 믿습니다. 우리는 죄를 씻어 주는 세례를 받아들입니다. 그리고 우리는 죽은 자의 부활 및 장차 올 세상에서의 삶을 고대합니다.

아멘.

하이델베르크 요리문답(The Heidelberg Catechism)은 종교개혁의 핵심 문서 중 하나다. 선제후 프리드리히 3세의 요청에 따라 주로 자카리아스 우르시누스와 카스파르 올레비아누스에 의해 작성되었다. 독일 하이델베르크의 성령교회에서 처음으로 낭독되었다.

하이델베르크 요리문답 제1문과 제2문, 1563년

질문 1 사나 죽으나 당신의 유일한 위로는 무엇입니까?

답 나는 내 것이 아니며, 사나 죽으나 몸과 영혼이 내 신실하신 구주 예수 그리스도의 것이라는 사실입니다. 그분은 자신의 귀한 피로 내 모든 죗값을 완전히 치르셨고, 나를 사탄의 압제에서 해방하셨습니다. 또한 하늘에 계신 내 아버지의 뜻이 아니면 내 머리에서 머리카락 한 올도 떨어지지 않도록 나를 지켜 주십니다. 참으로 모든 것이 합력하여 나의 구원을 이룹니다.

내가 그분의 것이기 때문에 그리스도께서는 성령에 의해 내가 영생을 확신하고 지금부터 전심으로 그분을 위해 기꺼이 살아가게 하십니다.

질문 2 이 위로를 기뻐하며 살고 죽기 위하여 당신이 알아야 할 사실은 무엇입니까?

답 세 가지입니다. 첫째, 내 죄와 비참함이 얼마나 큰지, 둘째, 내 모든 죄와 비참함에서 내가 어떻게 해방되는지, 셋째, 그런 구원에 대해 하나님께 어떻게 감사해야 하는지입니다.

1643년부터 1653년까지, 100명이 넘는 목회자와 신학자가 웨스트민스터 사원에 모여 웨스트민스터 표준문서(The Westminster

> **개혁주의 교회의 중요한 신앙고백서**
>
> **장로교**
> 웨스트민스터 표준문서
> (The Westminster Standards)
>
> **네덜란드 개혁교회**
> '하나 되는 세 고백서'
> (The Three Forms of Unity)
> 벨직 신앙고백서
> (The Belgic Confession of Faith)
> 하이델베르크 요리문답
> (The Heidelberg Catechism)
> 도르트 신조
> (The Canons of the Synod of Dordt)
>
> **개혁주의 침례교**
> 1689 런던 침례교 신앙고백서
> (The London Baptist Confession)
>
> **루터교회**
> 아우크스부르크 신앙고백서
> (The Augsburg Confession of Faith)
>
> **성공회**
> 39개 신조
> (The Thirty-Nine Articles)

Standards)를 작성했다. 이것은 다음 세 가지로 구성된다.

- 웨스트민스터 신앙고백서
  (The Westminster Confession of Faith, WCOF)
- 웨스트민스터 대요리문답
  (The Westminster Larger Catechism, WLC)
- 웨스트민스터 소요리문답
  (The Westminster Shorter Catechism, WSC)

웨스트민스터 소요리문답
제1문-제3문, 1648년

질문 1 인간의 가장 중요한 목적은 무엇입니까?

답 인간의 가장 중요한 목적은 하나님을 영화롭게 하고 영원토록 그분을 즐거워하는 것입니다.

질문 2 하나님은 우리가 어떻게 그분을 영화롭게 하고 어떻게 즐거워하는지를 알려 주기 위해 어떤 규범을 주셨습니까?

답 하나님의 말씀입니다. 하나님의 말씀은 구약과 신약에 담겨 있으며, 우리가 어떻게 그분을 영화롭게 하고 어떻게 즐거워하는지를 알려 주는 유일한 규범입니다.

질문 3 성경이 핵심적으로 가르치는 것은 무엇입니까?
답 성경은 무엇보다도 인간이 하나님에 관해 무엇을 믿어야 하며 하나님이 인간에게 어떤 의무를 요구하시는지를 가르칩니다.

종교개혁의 다섯 가지 솔라, 16세기

'솔라'(*Sola*)는 종교개혁자들의 가르침을 요약한다. '솔라'는 '오직'을 의미하는 라틴어. '오직'이라는 부분이 아주 중요한 특징이다. 그냥 성경이 우리의 권위라는 뜻이 아니라, 오직 성경만이 우리의 권위라는 뜻이다. 다른 '솔라'도 마찬가지다. 이 다섯 가지 솔라는 종교개혁이 성경과 복음과 교리에 대한 우리의 이해에 어떻게 이바지했는지를 알게 해 주는 유용한 틀이다.

솔라 스크립투라(*Sola Scriptura*)

오직 성경: 하나님의 말씀은 교회와 그리스도인에게 유일한 권위다. 종교개혁자들은 전통을 무시하지 않으려고 조심하면서도 전통은 권위가 아님을 분명하게 인식했다.

솔라 피데(Sola Fide)

오직 믿음: 구원은 공로와는 상관없이 오직 믿음으로만 얻는다. 믿음은 하나님으로부터의 선물이다. 우리는 오직 그리스도의 공로로 칭의를 얻는다. 우리의 죄가 그리스도께 전가되고, 그리스도의 의가 우리에게 전가된다.

솔라 그라티아(Sola Gratia)

오직 은혜: 구원은 나 자신의 어떠한 성과와는 상관없이 오직 은혜로만 얻는다. 우리는 '자비'와 '은혜'라는 두 단어를 이해해야 한다. '자비'는 우리가 받아 마땅한 것이 아니다. 우리는 우리 죄에 대한 형벌을 받아야 마땅하지만, 하나님이 그리스도를 믿는 자들에게 자비를 베푸신다. 은혜란 받을 자격이 없는 우리가 하나님의 부요하심을 받는 것이다. 하나님은 그리스도 안에서 우리를 구원하실 때 우리에게 은혜를 값없이 풍성히 부으신다.

솔루스 크리스투스(Solus Christus)

오직 그리스도: 구원은 오직 그리스도 안에서만 발견된다. 그분만이 유일한 길이요, 그분만이 유일한 구원의 방법이다.

솔리 데오 글로리아(Soli Deo Gloria)

오직 하나님의 영광: 구원은 궁극적으로 하나님을 영화롭게 한다.

종교개혁자들은 오직 은혜로만, 오직 믿음으로만, 오직 그리스도로만 구원을 얻는다는 사실을 강조함으로써, 인간이 자랑하고 떠벌릴 여지를 조금도 남기지 않는다. 성경적 구원 교리는 모든 영광, 모든 자랑을 오직 하나님께로만 돌린다. 구원은 하나님이 그분의 영광을 위해 하시는 사역이다.

또한 삶 전체가 오직 하나님의 영광을 위해서 살아져야 한다. 이것은 종교개혁자들이 소명을 강조하는 것과도 관련된다. 종교개혁자들은 우리의 모든 일과 서로 다른 역할이 하나님을 영화롭게 하는 방향으로 인도된다고 믿었다.

스위스 제네바를 방문하게 되면, 옛 도시 곳곳에서 다음과 같은 표어를 보게 될 것이다. 그것은 교회가 쇠락하고 복음을 소홀히 하는 수 세기를 지나오면서도 복음의 빛은 밝게 빛나고 있고 어둠을 꿰뚫고 나오고 있음을 말한다. 복음의 빛은 어둠을 돌파한다.

제네바 종교개혁의 표어
'포스트 테네브라스 룩스'(*Post Tenebras Lux*)
어둠 뒤에 빛

12
신앙의 기초: 교리에 대한 소개

'교리'(doctrine)라는 단어는 '가르치다'를 의미하는 라틴어에서 왔다. 교리란 하나의 신념 혹은 신념들의 집합이다. 우리는 종종 '정통'(orthodox) 교리에 대해 말하는데, '오르도'(ortho)는 '곧은' 혹은 '올바른'이라는 뜻이다. 어떤 교리가 정통이라고 말하는 것은, 그것이 하나님의 말씀과 일치하며 성경의 가르침을 반영한다고 주장하는 것이다. 수 세기 동안 특정 교리나 가르침을 놓고 여러 교파 간에 이견이 있었다. 반면 그와 동시에, 기본적인 신앙에 있어서는 정통의 가르침이 일관되게 유지되었다. 정통의 가르침은 무엇보다도 성경과 일치한다. 그리고 초대교회의 신조들과 종교개혁의 신앙고백서들에도 명확히 표현되고 제시되어 있다.

이번 장에서는 기초적인 핵심 교리를 소개할 것이다. 교회는 언제

> **핵심 단어**
>
> **정통 신학(Orthodoxy):**
> **곧고 올바른 가르침**
> 오르도(Ortho) = 올바른
> 독사(Doxa) = 가르침/교리
>
> **정통 실천(Orthopraxy):**
> **곧고 올바른 삶**
> 오르도(Ortho) = 올바른
> 프락시스(Praxis) = 실천/삶
>
> **찬송(Doxology):**
> **찬송, 하나님을 향한 예배**
> 독소(Doxo) = 찬송
> 로고스(Logos) = 말씀

나 교리를 신앙생활과 교회 활동의 본질로 여겨 왔다. 교리는 중요하다. 우리는 교리를 통해 하나님을 안다. 하나님을 알아야 하나님을 사랑하고 섬기고 예배하게 된다. 정통 신학(orthodoxy)은 올바른 실천(orthopraxy)으로 이어진다. 올바른 교리가 올바른 삶을 이끈다. 또한 정통 신학은 올바른 찬송(doxology)으로 이어진다. 올바른 교리가 올바르고 순전하고 참된 예배를 낳는다.

1. 하나님

하나님은 순전한 존재이시다. 하나님은 다른 모든 피조물보다 앞선 존재이시고 초월한 존재이시다. (출 3장; 시 50:1-2, 21-22; 사 44장, 특히 6-8절; 계 1:8)

하나님은 만물을 창조하셨고 만물을 유지하신다. (창 1장; 느 9:6; 골 1:15-20)

하나님은 거룩하시다. (사 6:1-6; 벧전 1:14-16; 계 4:8-11)

하나님은 삼위일체이시다. 즉, 성부 하나님, 성자 하나님, 성령 하나님의 세 위격이 하나의 본질이시다. (마 3:13-17, 28:19; 행 5:3-4; 고전 8:5-6; 골 2:9)

하나님에 관한 교리는 다른 모든 교리의 기초이기 때문에 우리가 하나님에 관하여 성경적으로 생각하는 것은 중요하다. 성경의 주요 주제 중 하나는 '하나님의 하나님 되심'이다. 하나님은 초월적이시고 위엄이 있으시다는 뜻이다. 성경이 하나님의 거룩하심이나 하나님의 영광에 관하여 말하는 것은, 하나님의 하나님 되심을 말하는 것이다. 하박국은 하나님의 광명이 햇빛 같다고 말하고(합 3:4), 바울은 하나님이 가까이 가지 못할 빛에 거하신다고 말한다(딤전 6:16).

아래는 하나님에 관한 교리에 기초한 신앙고백이다. 세 위격을 하나로 묶어서 표현함으로써 삼위일체를 강조한다. 간략하게, 심지어 암송하기 쉽게 요약해 놓았다.

영원하신 한 하나님

우리는 영원하신 한 하나님을 믿습니다.
그분은 완전하시고 순전하신 존재이며,
모든 피조물 위에 초월하신 분입니다.

하나님은 무한하시고, 불변하시고, 고통당하지 않으십니다.
아름다움과 영광과 거룩함이 뛰어나십니다.

하나님은 영이십니다. 몸이 없으십니다.
하나님은 단일하십니다. 부분이 없으십니다.

하나님은 주권자이십니다. 견줄 자가 없으십니다.

하나님은 세 위격 안의 한 본질이십니다.
성부, 성자, 성령으로 존재하십니다.

여호와는 하나님이십니다.
선하심과 진리와 지혜,
권능과 공의와 진노,
자비와 은혜와 사랑이 풍성하십니다.

우리는 하나님을 다른 모든 것보다 사랑합니다.
이는 그분이 먼저 우리를 사랑하셨기 때문입니다.
우리는 모든 상황에서 하나님을 섬깁니다.
이는 그분이 자기를 위하여 우리를 창조하셨기 때문입니다.
우리는 하나님만을 예배합니다.
이는 그분만이 합당하시기 때문입니다.

그분은 계셨고, 지금도 계시며, 영원히 계실 것입니다.
아멘.

2. 성경

하나님은 자연 안에 보편적으로 자신을 계시하셨다. 이것을 일반계시라 한다. 그리고 특별하게 자신을 계시하셨다. 이것을 특별계시라 한다. (시 19편; 롬 1:18-20)

성경은 하나님이 영감을 불어넣으신 책이다. 그러므로 권위가 있으며 오류가 없다. (민 23:19; 잠 30:5; 마 5:17-18, 24:3; 벧후 1:16-21)

성경은 하나님의 뜻에 대한 직접 계시이며, 우리는 성경에 순종해야 한다. (시 119편; 살전 2:13; 딤후 3:14-17)

성경을 어떻게 공부할까?

그리스도인으로서 하나님의 말씀을 읽는 것은 대단히 중요하다. 공부하는 것도 무척 중요하다. 여기 몇 가지 기본적인 조언이 있다.

1. 본문이 왕이다. 언제나 본문을 들여다보라. 계속해서 읽다 보면, 때때로 명확하지 않은 것들도 점점 더 명확해진다.

2. 도움을 받으라. 하나님은 교회에 재능 있는 목사와 교사를 주셨다. 혼자 힘으로 모든 것을 알아내야 한다고 생각하지 말라.

3. 뜨거운 심장을 가지라. 엠마오로 가는 길에 제자들을 만나신 예수님은, 구약이 예수님에 대해 말한 것을 모두 풀어 주셨다. 나중에 제자들은 그 일을 회상하면서, 그때 그들의 마음이 뜨거웠다고 간증했다(눅 24:32). 시편은 하나님의 말씀이 꿀보다 더 달다고 말한다. 우

리는 하나님의 말씀을 읽고, 하나님의 말씀을 공부하고, 하나님의 말씀을 사랑해야 한다.

4. 실천하라. 야고보서 1장 22-25절은 하나님의 말씀에 순종하고 삶 속에서 실천하는 것의 중요성을 우리에게 일깨워 준다.

5. 기도하라. 성령님은 성경에 영감을 불어넣으셨으며, 우리 안에 거하신다. 성령님이 우리를 가르치신다(요 14:26).

3. 인간

인간은 하나님의 형상대로 창조되었다. (창 1:26-28, 9:6; 약 3:9)

인간은 물질적인 존재이면서 동시에 비물질적인, 즉 영적인 존재다. (창 2:5-7; 시 139:13-18; 고전 15:42-58)

인간은 존엄하며, 성경은 인간의 생명이 고결하다고 확증한다. 성경은 인류가 남성과 여성 둘뿐이라고(제3의 성이 없다는 뜻이다-역주) 선포하며, 남성만의 결혼이나 여성만의 결혼을 금한다. (창 1:27, 2:22-25)

첫 사람 아담의 타락 이래, 모든 인류가 타락했고 하나님에게서 단절되었으며 하나님의 진노 아래 있다. (롬 5:12-21; 고전 15:21-22; 엡 2장)

구약성경은 히브리어를, 신약성경은 헬라어를 사용하여 죄의 끔찍함의 깊이와 너비를 표현한다. (시 51편; 롬 3:9-20)

나는 누구일까?

'우리는 누구인가'를 놓고 많은 혼란이 있다. 우리는 성경이 우리에 대해 무엇이라고 말하는지에 주목해야 한다. 여기서 우리는 다음의 사실을 배운다.

1. 우리는 하나님의 형상대로 창조되었다. 우리는 존엄하며, 우리가 마주하는 모든 사람은 누구나 존엄하다.

2. 우리는 타락해 있다. 이것은 모든 인간에게 해당하는 진리다. 우리는 모두 죄인이다.

3. 그리스도 안에서 우리는 구속함을 받는다. 바울은 우리가 "그리스도 안에서 완전해졌습니다"(골 2:10, 현대인의성경)라고 말한다. 당신이 그리스도를 가졌다면, 당신에게 필요할 모든 것을 가진 것이다.

4. 그리스도 안에서 우리는 한 공동체다. 우리는 그리스도의 몸의 지체요, 교회의 일원이다.

5. 우리는 영원한 존재다. 모든 인간은 하나님과 함께 영원히 살거나 하나님 없이 영원히 살거나, 둘 중 하나가 될 것이다.

4. 예수 그리스도

하나님이자 인간이신 예수님은 하나님과 인간 사이의 유일한 중보자이시다. (요 1:1-18; 딤전 2:5-6; 히 2:14-18)

예수님은 자신의 삶과 십자가에서의 죽음과 부활로 구속을 완성하

셨다. (사 53장; 롬 3:21-26; 고전 15:3-11)

예수님은 우리의 선지자요, 제사장이요, 왕이시다.

선지자

선지자의 직은 구약에서 제정되었다. 선지자는 두 가지 역할을 한다. 바로 예언(foretell)과 대언(forthtell)이다. 예언은 장차 일어날 일을 말하는 것, 미래를 예언하는 것과 관련된다. 대언은 하나님의 뜻을 하나님의 말씀대로 선포하는 것이다. 예수님은 예언하셨고 또 대언하셨다. 예수님은 권위를 가지고 말씀하셨고, 하나님의 말씀을 선포하고 계시하셨다. (마 5:21, 24-25장)

제사장

제사장의 직도 구약에서 제정되었다. 제사장은 하나님의 백성을 섬기는 중보자였다. 제사장은 하나님이 명하신 제사를 집례했다. 히브리서 저자는 예수님이 우리의 대제사장이시라고 선포한다. 예수님은 자신의 몸을 제물로 드리신 제사장이시다.

예수님은 두 가지 의미에서 우리의 대제사장으로 이해된다. 첫째, 예수님은 자신이 속죄제물이 되심으로써 구원을 성취하셨다. 성경은 예수님이 이 사역을 완수하시고 하나님의 보좌 오른편에 앉으셨다고 말한다. 둘째, 예수님은 지금도 하늘 보좌 앞에서 우리를 위하여 중보하신다. 이 역할을 하실 때 예수님은 우리의 대제사장으로서 서신다. (요 10:11; 롬 8:34; 히 2:14-18, 7장)

왕

왕의 직도 구약에서 제정되었다. 왕은 하나님의 백성을 특별한 방식으로 대표했다. 고대 세계에서 이상적인 왕은 총명한 조언자, 강력한 전사, 아버지 같은 인물, 궁극적으로는 평화를 가져오는 자로 여겨졌다. 이사야 9장 6절은 이 모든 묘사를 그리스도께 적용한다. (시 110편; 사 9:6-7; 마 21:1-11; 계 19:11-16)

구약에는 이 세 가지 직이 각 사람에게 분리되어 있었다. 예수님은 완벽한 선지자, 완벽한 대제사장, 완벽한 왕이실 뿐 아니라, 동시에 세 가지 직을 모두 완벽하게 수행하신다. 그 결과, 히브리서 저자는 예수님의 절대적 우월성을 선포한다. (히 1장)

그리스도의 인격과 사역에 관한 교리는 교회의 본질이자 중심이다. 그리스도가 누구신지, 그리스도가 하신 일이 무엇인지에 대한 성경적 이해 없이는, 복음을 제대로 이해할 수도, 선포할 수도 없다. 복음의 선포 없이는, 교회는 없다.

다음은 '리고니어 그리스도론 선언문'(The Ligonier Statement on Christology)이다. 이 선언문은 초대교회의 신조들 및 종교개혁의 가르침에 근거해서 그리스도의 인격과 사역에 관한 교리를 요약 정리해 준다.

리고니어 그리스도론 선언문, 2016년

우리는 하나님이 육신이 되신

신비와 경이를 믿습니다.

예수 그리스도 우리 주로 말미암아

우리가 얻은 위대한 구원으로 인해 기뻐합니다.

성부와 성령과 함께

성자는 만물을 창조하셨고,

만물을 유지하시고,

만물을 새롭게 하십니다.

참 하나님이신 그분이 참 인간이 되셨습니다.

신성과 인성, 두 본성이 한 위격 안에 있습니다.

그분은 동정녀 마리아에게서 나셨고,

우리 가운데서 사셨습니다.

십자가형을 받으셨고, 죽으셨고, 장사되셨습니다.

그분은 3일째 되는 날에 부활하셨고,

승천하셨고, 심판을 위해 영광 중에

다시 오실 것입니다.

우리를 위해 그분은 율법을 지키셨고,

죗값을 치르셨고,

하나님의 진노를 만족시키셨습니다.

그분은 우리의 더러운 누더기를 가져가셨고

우리에게 그분의 의로운 옷을 주셨습니다.

그분은 우리의 선지자, 제사장, 왕이십니다.

교회를 세우시고, 우리를 위해 중보하시며,

만물을 다스리십니다.

예수 그리스도는 주님이십니다.

그분의 거룩한 이름을 영원토록 찬양합니다. 아멘.

5. 성령님

성령님은 인격적인 존재이시지, 단순한 힘이 아니시다. 성령 하나님은 삼위일체 하나님의 세 번째 위격이시다. (마 28:19-20; 행 5:3-4; 고전 2:10-11, 12:4-6)

성령님은 생명을 주고 거듭나게 하는 독특한 역할을 담당하신다. 이것을 중생, 곧 '거듭남'의 교리라고 한다. (창 1:2; 요 3:1-8; 딛 3:4-7)

성육신의 순간부터 성령님은 예수님의 공생애 사역에서 매우 중요한 역할을 하셨다. (눅 1:35, 3:21-22, 4:1, 4:18)

성령님은 하나님의 말씀을 계시하고 영감을 주는 독특한 역할을 하셨다. (벧후 1:16-21)

성령님은 믿는 자들로 하여금 죄를 깨닫게 하시고, 거듭나게 하신다. 내주하시고, 인치신다. 구원을 보증하시고, 그리스도 예수 안에서 우리 소유가 된 풍성한 유업을 보증하신다. (요 16:7-11; 엡 1:11-14)

6. 구원

우리는 오직 그리스도 예수 안에서, 오직 은혜에 의하여, 오직 믿음으로 말미암아 구원을 받는다. (합 2:2-4; 행 4:8-12; 엡 1:3-14, 2:4-10)

청교도 토머스 왓슨은 천국에 가려면 두 날개가 필요하다고 말한 적이 있다. 하나는 회개요, 또 하나는 믿음이다. (마 3:1-3; 눅 13:3; 요 3:16; 행 16:25-34)

회개는 우리의 죄에 대해 안타까워하는 것보다 훨씬 더 깊은 감정이다. 회개란 우리의 죄를 하나님이 보시듯이 보는 것을 의미한다. 회개는 죄에서 돌이키는 것과 연관되고, 믿음은 하나님께로 돌이키는 것과 연관된다. 종교개혁자들은 성경이 말하는 믿음은 세 가지 요소를 갖는다고 이해했다. 라틴어로 표현하자면, '노티티아'(*notitia*), '아센수스'(*assensus*), '피두키아'(*fiducia*)이다.

노티티아

이 단어는 '지식', 지식의 조각들을 의미한다. 영어의 'notion'(개념, 생각)과 비슷한 뜻이다. 성경적 믿음은 진리 명제 및 지식을 믿는 것이다. 이것을 '복음의 핵심 내용'이라고 부를 수 있을 것이다. 복음의 핵심 내용은 다음과 같다.

하나님은 거룩하시다. 나는 그렇지 못하다. 내 죄를 제거하거나 죗값을 치르기 위해 내가 할 수 있는 일은 하나도 없다. 오직 예수님만이 유일한 길이시다. 예수님은 그분의 삶과 죽음과 부활을 통해 내 죄에 대하여 하나님이 받으실 만하고 만족하실 만한 값을 치르셨다. (고전 15:1-11)

아센수스

이 라틴어는 '동의하다'라는 뜻이다. 성경적 믿음은 복음의 핵심 내용에 동의하는 것을 의미한다. 누군가 "복음은 진리다."라고 말한다면, 그것은 '복음을 머리로 아는 것'을 의미할 때가 많다. (요 20:24-29; 살전 1:9-10, 2:13)

피두키아

이것은 '전인격적인 신뢰'를 의미한다. 이성적으로 복음의 핵심 내용에 동의할 뿐 아니라, 구원을 얻는 복음을 전심으로 온전히 신뢰하는 것이다. (롬 10:8-13; 요일 5:6-15, 5:20)

복음은 명제적인 동시에 인격적이다. 복음은 명제, 곧 사실적인 진술이다. 주된 세 가지 명제는 다음과 같다.

- 하나님은 공의로우시고 거룩하시며 순전하시다.
- 모든 사람은 죄인이며 하나님과 단절되었다.
- 그리스도께서는 사람들을 다시 하나님께로 인도하고자 속죄를 위해 십자가에서 죽으셨다.

또한 구원은 인격적이다. 우리는 내가 죄인인 것과 내가 하나님과 단절된 상태인 것을 믿어야 한다. 그리고 그리스도께서 나를 위해 죽으신 것과 그분이 나의 유일한 구원의 소망이신 것도 믿어야 한다.

칭의와 전가

구원 교리의 두 가지 핵심 단어는 '칭의'(justification)와 '전가'(imputation)다. 칭의란 그리스도께서 이루신 일을 근거로 우리가 의롭다고 칭함을 받는 것이다. 전가는 회계 용어로, '어떤 항목을 누군가의 회계 장부에 기록하다'라는 뜻이다. 성경은 이중(double) 전가를 말한다. 우리의 죄는 그리스도께 전가된다. 우리의 죄가 그리스도의 장부에 기록된다는 뜻이다. 그리스도의 의는 우리에게 전가된다. 그리스도의 의가 우리의 장부에 기록된다는 뜻이다. (롬 5:1; 고전 1:30-31; 고후 5:21)

나의 구원을 어떻게 확신할 수 있을까?

구원의 확신은 어떤 이들에게는 어려운 영역일 수 있다. 웨스트민스터 신앙고백서 제18장은 이 주제에 관하여 유익한 도움을 준다.

웨스트민스터 신앙고백서 제18장 – 은혜와 구원의 확신

Ⅰ. 위선자들과 거듭나지 않은 자들은 자기가 하나님의 은혜 안에 있고 구원의 상태에 있다는 거짓 소망과 육적인 착각에 빠져 스스로 헛

되이 속일지 모르나, 그들의 소망은 파멸될 것이다. 하지만 주 예수님을 진실로 믿고, 신실하게 사랑하며, 모든 선한 양심으로 그분 앞에서 살아가기를 힘쓰는 자들은, 이생에서도 자기가 은혜의 상태에 있음을 확신할 수 있고, 하나님의 영광의 소망 안에서 기뻐할 수 있다. 이 소망은 결코 그들을 부끄럽게 하지 않을 것이다.

Ⅱ. 이 확신은 불완전한 소망에 근거한 그럴듯한 설득이나 단순한 추측이 아니다. 결코 틀림없는 이 확신은, 구원의 약속이라는 하나님의 진리, 그 약속의 기초가 되는 은혜의 내적 증거, 우리가 하나님의 자녀임을 우리의 영과 더불어 증언하시는 양자 삼음의 영인 성령님의 증언에 기초한다. 그 성령님이 우리 기업의 보증이 되시고, 우리는 그에 따라 구속의 날까지 인치심을 받는다.

Ⅲ. 이 확신은 믿음의 본질에 속하는 것은 아니어서, 참된 신자라도 이 확신에 이르기까지 오래 기다리며 많은 어려움과 씨름할 수 있다. 하지만 성령님의 능력 주심으로 말미암아 하나님이 값없이 주신 것들을 알게 된다면, 특별계시 없이도 평범한 수단을 올바르게 사용함으로써 이 확신에 이를 수 있다. 그러므로 자기의 부르심과 선택을 확실히 하기 위해 더욱 부지런히 힘쓰는 것은 모든 사람의 의무다. 그렇게 하면 성령님 안에서의 평안과 기쁨, 하나님께 대한 사랑과 감사, 순종의 의무에서의 힘과 즐거움을 누릴 수 있다. 이것이 바로 확신에 걸맞은 열매인데, 이로써 인간은 해이해지지 않을 수 있다.

Ⅳ. 참된 신자라도 여러 방식으로 구원의 확신이 흔들리고 약해지고

잠시 중단될 수 있다. 구원의 확신을 지키는 일에 게으를 때, 양심을 훼손하고 성령을 근심하시게 하는 특별한 죄에 빠질 때 그렇다. 별안간 맹렬한 시험을 당할 때, 하나님이 그 얼굴의 빛을 거두시고 그분을 경외하는 자들조차 빛도 없이 어둠 속을 걷는 고난을 겪게 하실 때 그렇다. 하지만 그들은 결코 하나님의 씨, 믿음의 삶, 그리스도와 형제들의 사랑, 마음의 신실함, 의무에 대한 양심 등을 완전히 잃어 버리지는 않는다. 때가 되면 성령님의 역사로, 이런 것들로부터 다시금 확신이 되살아날 수 있다. 그런 와중에도 성령님의 역사로, 완전한 절망에 빠지지 않도록 도움을 받는다.

7. 교회

시인 존 던은 "어떤 사람도 섬이 아니다."라고 말했다. 마찬가지로, 어떤 그리스도인도 섬이 아니다. 우리는 구원받을 때 그리스도의 몸의 지체가 된다. (롬 12:3-8; 고전 12:12-27; 엡 2:19-22, 4:1-16)

그리스도의 몸 된 교회는 눈에 보이지 않는 동시에 눈에 보이고, 보편적인 동시에 지역적이다. 이 말의 의미는 다음과 같다. 그리스도를 믿는 모든 사람은, 모든 시대 모든 장소에 존재하는 모든 신자로 구성된 그리스도의 몸, 곧 비가시적 교회의 일원이다. 또한 교회는 특정 장소의 사람들로 구성된다는 점에서 가시적이고 지역적이기도 하다. 지역 교회는 하나님이 친히 세우셨다. (행 2:42-47, 20:17-35; 벧전 5:1-5)

하나님은 교회에 두 가지 성례를 주셨다. 성찬과 세례다. (마 28:18-20; 고전 11:17-24)

초대교회 지도자들은 '하나의 거룩하고 보편적이고 사도적인 교회'를 말했다.

> **대위임령**
> (The Great Commission):
> **마태복음 28:18-20**
> 예수께서 나아와 말씀하여 이르시되 하늘과 땅의 모든 권세를 내게 주셨으니 그러므로 너희는 가서 모든 민족을 제자로 삼아 아버지와 아들과 성령의 이름으로 세례를 베풀고 내가 너희에게 분부한 모든 것을 가르쳐 지키게 하라 볼지어다 내가 세상 끝 날까지 너희와 항상 함께 있으리라 하시니라.

- '하나의'란 한 분이신 주님과 하나의 복음을 중심으로 통일된 교회를 의미한다.
- '거룩한'이란 교회가 신자들, 곧 진정한 성도들로 구성되었음을 의미한다.
- '보편적'이란 특정 민족이나 종족에 국한되지 않고 진실로 보편적인 교회를 의미한다.
- '사도적'이란 사도들의 가르침에 헌신하며 하나님의 말씀에 기반함을 의미한다.

종교개혁 시대 이후로는 프로테스탄트 교회가 생겼고 많은 교단이 존재한다. 참된 교회는 복음을 설교하고, 하나님의 말씀의 권위에 순복하며, 성찬과 세례의 성례를 실천하는 교회다. (딤후 4:1-5)

교단마다 성찬과 세례의 시행 방법에서 의견이 다르다. 교회 행정과 세부 교리에 대한 이해도 다르다. 이런 불일치에도 불구하고, 그리스도의 한 몸 됨에서 교회의 통일성이 발견된다. 교회는 한 성령님에 의해 세례를 받고 하나의 참된 복음으로 묶여 있기에 한 몸이다.

8. 천사, 사탄, 귀신

성경은 가시적인 물질세계 외에도 비가시적인 영의 세계를 선언한다. 성경은 천사들과 악한 영들에 대해 말한다. (창 3:24; 사 6:1-7; 마 8:28-34; 계 20장)

천사는 성경 여러 곳에서 많은 역할을 맡았다. 히브리서는 천사가 하나님의 백성을 섬기는 영이라고 말한다. (히 1:13-14)

베드로는 사탄이 우는 사자같이 두루 다니며 삼킬 자를 찾는다고 경고한다. (벧전 5:8-9)

또한 우리는 사탄이 어떻게 귀신들을 동원하여 자기의 헛된 시도를 이루려 하는지를 본다. (딤전 4:1)

9. 종말

성경은 예수님이 다시 오실 것이라고 선언한다. (요 14:1-4; 행 1:6-11; 계 22:20) 이것을 재림이라고 한다.

성경은 장래에 있을 심판에 관해서도 이야기한다. 어느 날, 생명책이 펼쳐질 것이다. 예수님께 속한 모든 자가 삼위 하나님과 함께 새 하늘과 새 땅에서 영원히 살 것이다. 예수님을 거부한 모든 자는 정

죄를 받아 지옥에서 영원한 사망에 이를 것이다. (계 20:11-15, 21:1-8, 22:1-5)

10. 성화: 그리스도인의 삶에 관한 교리

그리스도인으로서 우리는 지금 어떻게 살고 있는가? 이것을 가리켜 성화(sanctification), 곧 그리스도인의 삶에 관한 교리라고 부른다. 그리스도 안에서 우리는 새로운 피조물이다. (롬 6:5-11, 12:1-2; 고후 5:17-21)

우리는 성령님 안에서, 성령님에 의하여 산다. (롬 8:1-17; 갈 5:16-24)

성령님을 통해 우리는 그리스도의 몸인 보편적 교회 안에서 서로 연합된다. (엡 2:18-22; 고전 12:12-13)

우리는 지역 교회의 일원이 되라고 부르심을 받는다. (딛 1:5; 히 10:24-25)

우리는 하나님과 이웃을 사랑하고 섬겨야 한다. (마 22:34-40; 약 1:22-27; 요일 4:7-11)

우리는 하나님의 영광을 위하여 살아야 한다. 새 하늘과 새 땅에서 하나님을 예배하며 영원히 살 것임을 알아야 한다. (요일 3:1-3; 계 21:5, 22:1-5)

13
교회

6일의 창조 후, 하나님은 일곱째 날에 안식하셨다. 하나님은 전능하시다. 그 능력이 무한하시다. 그것은 하나님이 무한의 속도로 무한히 일하신다는 뜻이다. 하나님은 안식할 필요가 없으시다. 그런데 왜 성경은 하나님이 안식하셨다고 말할까? 하나님은 자기 백성을 위해 일하고 쉬는 형식을 제정하신 것이다.

창세기 2장 1-3절에서 보듯이, 하나님은 일곱째 날을 거룩하게 만드셨다. 일곱째 날은 구별되었다. 구약에서 이러한 패턴은 십계명의 제4계명으로 제정되어 안식일 예배가 되었다(출 20:8-11). 안식일에는 온 회중이 성막이나 성전이나 회당에 모여 함께 예배했다(눅 4:16). 그들은 함께 모여 하나님의 말씀을 읽고 해석하는 일과 찬양하는 일에 집중했다. 시편은 구약 시대의 찬송가였다.

안식일은 일주일의 끝, 즉 일곱째 날이었다. 그런데 왜 예배의 날이 일주일의 첫째 날, 즉 일요일로 바뀌었을까? 일요일은 그리스도께서 죽은 자 가운데서 부활하신 날이다. 일곱째 날은 하나님의 창조 사역의 끝을 장식했다. 부활은 일주일의 첫째 날로서, 하나님의 구속 사역의 끝을 장식한다. 일곱째 날에서 첫째 날로, 안식일에서 주일로 예배의 날이 옮겨졌다.

우리는 신약에서 이런 관행을 목격한다. 사도행전 20장 7절에서 바울은 "그 주간의 첫날에" 드로아에서 예배를 인도하고 있다. 고린도전서 16장 2절에서도 마찬가지다. 요한계시록 1장 10절에서 요한은 일요일을 "주의 날"이라고 부른다.

공식적인 예배 혹은 공동의 예배가 '언제'인지에 대해서는 충분히 살펴보았다. 이제 예배에서 '무엇'을 하는지를 살펴보자.

신약은 안식일의 관행대로 하나님의 말씀을 읽고 해석하는 일(설교)과 찬양하는 일을 계속해서 이어 간다. 사도행전 2장 42절은 초대교회 그리스도인들이 집중했던 네 가지 일을 밝힌다.

- 사도의 가르침
- 서로 교제함
- 떡을 뗌(성찬)
- 기도

바울은 디모데와 디도에게 쓴 목회서신에서 교회의 직분 및 직분자의 자격에 대해 논한다. 건전한 교리를 가르치는 일과 말씀을 설교하는 일이 얼마나 중요한지를 강조한다.

> "우리는 모든 것을 내어줄 수 있지만, 하나님의 말씀만은 내어줄 수 없다."
>
> 마르틴 루터

이에 따라 종교개혁자들은 참된 교회의 세 가지 표지를 말했다.

1. 말씀 선포
2. 성례(세례와 성찬)의 올바른 시행
3. 교회의 치리

교회를 이해하는 한 가지 방법은 성경에 사용된 교회의 비유들을 살펴보는 것이다. 이런 비유들은 우리 삶에서 교회의 역할을 생생하게 보여 주고, 교회의 본질과 목적을 더 깊이 이해하도록 돕는다. 교회에 대한 비유들은 다음과 같다.

양 떼	요 10:1-18, 행 20:26-30
건물	고전 3:11, 엡 2:18-22
집	딤전 3:14-15, 히 3:6
성전	시 118:22, 벧전 2:6-7
몸	롬 12:4-6, 고전 12:12-31, 엡 4:11-16
신부	엡 5:21-33, 계 19:6-9
가족	엡 2:19

14
찬송가

하나님의 백성은 노래한다. 노래로 드리는 예배는 언제나 신앙생활과 제자도의 핵심 요소였다. 바울은 "시와 찬송과 신령한 노래들로 서로 화답하며 너희의 마음으로 주께 노래하며 찬송하"라(엡 5:19)고 가르친다. 온 시대와 온 땅에서 불러 온 찬송은 교회의 풍부한 전통이다.

찬송가 작사 작곡에 있어서 중요한 전환점이 종교개혁 시대에 있었다. 루터는 음악을 사랑했다. 그는 1523년 12월에, 독일의 영주였던 프리드리히 3세에게 다음과 같이 편지했다.

은혜와 평강이 함께하시기를 기도합니다. 저는 선지자들과 옛 선조들을 본받아 자국어로 된 시편을 만들고자 합니다. 그것은 평범한 백성을 위한 찬송가인데, 하나님의 말씀이 노래를 통해서도 백성 가운데 머물게 하기 위함입니다. 그래서 지금 저희는 사방에서 시인들을 찾고 있습니다.

루터가 그런 시인 중 하나였다. 그는 종교개혁 찬송가의 고전인 「내 주는 강한 성이요」(A Mighty Fortress Is Our God, 새찬송가 585장)를 작사 작곡했다. 이 찬송가는 풍성한 교리와 깊은 감성이 담긴 곡으로서 루터의 삶이 어려울 때 쓰였다. 루터는 시편 46편을 바탕으로 이 곡을 썼다. 이 찬송가는 시대를 통틀어 최고의 명곡이라 하겠다. (아래 수록된 가사는 영어 가사를 그대로 번역한 내용이다.-편집자 주)

「내 주는 강한 성이요」, 마르틴 루터, 1529년

우리 하나님은 강한 요새요,
결코 함락되지 않을 성벽이시라.
죽음 같은 고난이 물밀듯 밀려올 때
우리를 돕는 분이 계시니 그분이시라.
우리의 오랜 원수는
지금도 우리를 해치려 하도다.
원수의 간계와 권세가 크도다.
잔인한 증오로 무장했으니
이 땅에 그와 견줄 자 없도다.

우리가 우리의 힘만 신뢰한다면,

우리의 싸움은 패배하리로다.

하나님이 택하신 적임자가

우리 편이 아니시라면 말이다.

그분이 누구시냐고 묻는가?

그분은 그리스도 예수시라.

만군의 주가 그분의 이름이요,

영원토록 변함없는 이름이라.

그분은 반드시 전투에서 승리하시리로다.

비록 이 세상이

악한 영들로 들끓어

우리를 무너뜨리려 겁박할지라도,

우리는 두려워하지 않으리.

우리를 통해 하나님의 진리가 승리하도록

하나님이 뜻을 정하셨기 때문이라.

음침한 어둠의 군주,

우리는 그로 인해 떨지 않도다.

그의 분노는 우리가 참아 낼 수 있도다.

보라! 그의 멸망이 확실하도다.

단 한마디의 말씀이 그를 쓰러뜨리리로다.

세상 모든 권세보다 높으신 저 말씀은,
세상 권세의 도움 없이도 여전히 살아 계시네.
우리 편이신 그분으로 말미암아
성령과 은사가 우리의 것이로다.
재물이여, 피붙이여, 가라.
이 죽을 인생도 가라.
육체는 그들이 죽일지 몰라도,
하나님의 진리는 여전히 살아 있고
하나님의 나라는 영원하리로다.

루터는 독일 교회를 위한 찬송가의 아버지였다. 영국 교회를 위한 찬송가의 아버지로는 아이작 왓츠를 꼽는다. 그의 찬송가는 1707년에 처음으로 출판되었다. 그는 「주 달려 죽은 십자가」(When I Survey the Wondrous Cross, 새찬송가 149장), 「예부터 도움 되시고」(Our God, Our Help in Ages Past, 새찬송가 71장), 그리고 주로 성탄절에 불리는 「기쁘다 구주 오셨네」(Joy to the World, 새찬송가 115장) 등 수많은 찬송가를 썼다. 왓츠를 뒤이어 곧 다른 이들도 영어 찬송가를 쓰기 시작했다. 존 뉴턴은 「나 같은 죄인 살리신」(Amazing Grace, 새찬송가 305장)을 썼다. 존 웨슬리와 찰스 웨슬리 형제는 대략 6천 곡의 찬송가를 썼다. 정말 굉장하다.

다시 에베소서 5장 19절로 돌아가 보자. 바울은 찬송과 신령한 노래를 언급한다. 근현대에 불리는 그런 노래 중 하나는 1899년에 『옛 농장 찬송가』(Old Plantation Hymns)에 처음 수록된 「거기 너 있었는가」(Were You There, 새찬송가 147장)이다. 이 곡은 19세기 어느 시점에 쓰인 것으로 보인다. 시편에는 기쁨과 찬양의 시편도 있고 애통의 시편도 있는데, 이 영가는 애통의 범주에 속한다. (아래 수록된 가사는 영어 가사를 그대로 번역한 내용이다.—편집자 주)

거기 너 있었는가,
그들이 내 주님을
십자가에 못 박을 때.
거기 너 있었는가.

거기 너 있었는가,
그들이 내 주님을
십자가에 못 박을 때.

오, 때로
그 일로 나는
떨려!
떨려!
떨려!

거기 너 있었는가,

그들이 내 주님을

십자가에 못 박을 때.

좋은 찬송가는 우리에게 바른 교리를 가르쳐 주고 우리가 하나님을 예배하도록 돕는다. 좋은 찬송가는 교회에 주신 참된 선물이다. 찾아보고 싶을 만한 좋은 찬송가 몇 곡을 골라 보았다.

1. 「예부터 도움 되시고」(Our God, Our Help in Ages Past, 새찬송가 71장)
   아이작 왓츠, 1719년
2. 「어찌 이런 일이」(And Can It Be)
   찰스 웨슬리, 1738년
3. 「복의 근원 강림하사」(Come, Thou Fount of Every Blessing, 새찬송가 28장)
   로버트 로빈슨, 1758년
4. 「나 같은 죄인 살리신」(Amazing Grace, 새찬송가 305장)
   존 뉴턴, 1779년
5. 「굳건한 기초」(How Firm a Foundation)
   로버트 킨/존 리폰, 1787년
6. 「예수 안에 소망 있네」(In Christ Alone)
   키스 게티/스튜어트 타운엔드, 2001년

7. 「은밀한 곳」(The Secret Place)

　　R. C. 스프로울/제프 리펜콧, 2015년

당신이 좋아하는 곡 중에 이 목록에 넣고 싶은 것이 있는가?

15
예배

찬송가를 함께 부르는 것은 함께 예배하는 것이다. 하지만 예배는 노래 그 이상임을 기억해야 한다. 예배는 우리 인생의 소명이다. 신학(theology), 즉 교리는 궁극적으로 찬송(doxology)이다. 하나님을 연구하는 것(신학)은 궁극적으로 하나님을 예배하는 것(찬송)으로 이어진다는 뜻이다. 우리가 그리스도인으로서 하는 모든 일은 예배다. 우리의 순종이 예배다. 우리의 섬김이 예배다. 하나님이 우리를 창조하시고 구원하신 목적은 우리가 하나님을 예배하는 것이다.

성경의 마지막 책에 이르러 하늘 장막이 걷히고 거기서 무슨 일이 일어나는지를 보게 될 때, 우리가 발견하는 것은 예배다. 요한계시록 4장과 5장은 하늘의 모든 영광과 위엄, 그리고 하나님을 예배하고 그분의 보좌 앞에 절하는 천상의 모든 피조물을 아름답게 그린다.

모든 역사는 하나님을 예배하는 것에서 절정에 이른다. 절정에 이른다는 것은, 화살이 과녁을 맞히거나 축구공이 골망을 흔드는 것처럼, 그 목적을 달성한다는 뜻이다. 우리 한 사람 한 사람의 삶의 모든 행동이 궁극적으로 하나님을 예배하는 것에서 절정에 이른다.

초대교회 시기부터 하나님의 백성은 찬송을 교회 예배의 본질이자 중심으로 삼았다. 그들은 천국에 가서 하나님을 예배하게 되기만을 마냥 기다리고만 있지 않았다. 그들은 지금 하나님을 예배하기를 원했다. 「글로리아 파트리」(*Gloria Patri*)와 「독솔로지」(Doxology)는 하나님의 백성이 수 세기 동안 불러 왔다. 1800년대로 접어들 무렵, 레지널드 히버가 「거룩 거룩 거룩 전능하신 주님」(Holy, Holy, Holy, 새찬송가 8장)이라는 찬송가를 썼다. 요한계시록 4장 8절과 11절, 5장 9-14절을 읽어 보면, 하늘의 찬양대가 부르는 노래 가사를 발견하게 될 것이다. 하나님을 예배할 때 앞서 말한 성경 구절과 찬송가를 묵상해 보라. (아래 수록된 가사는 영어 가사를 그대로 번역한 내용이다. -편집자 주)

「글로리아 파트리」

영광이 성부와 성자와

성령께 있을지어다.

처음처럼 지금도,

그리고 영원히. 아멘.

「독솔로지」, 1674년

만복의 근원 하나님을 찬양하라.

이 땅의 모든 피조물이여, 하나님을 찬양하라.

천상의 모든 천사여, 하나님을 찬양하라.

성부, 성자, 성령을 찬양하라.

「거룩 거룩 거룩 전능하신 주님」

거룩 거룩 거룩! 전능하신 주 하나님!

이른 아침 우리의 찬송이 당신께 올려지리이다.

거룩 거룩 거룩! 자비롭고 전능하신 하나님!

복되신 삼위일체 하나님!

거룩 거룩 거룩! 모든 성도가 당신께 경배하며

유리 같은 바다 곁에서 금 면류관을 벗어드리나이다.

천군 천사가 당신 앞에 엎드리니,

당신은 전에도 계셨고, 지금도 계시며, 영원토록 계실 이시나이다.

거룩 거룩 거룩! 어둠이 당신을 가릴지라도,

죄인의 눈이 당신의 영광을 보지 못할지라도,

오직 당신만이 거룩하시나이다. 당신 같은 분이 없나이다.

권능과 사랑과 순결이 완전하시나이다.

거룩 거룩 거룩! 전능하신 주 하나님!

모든 피조물이 당신의 이름을 땅과 하늘과 바다에서 높이리이다.

거룩 거룩 거룩! 자비롭고 전능하신 하나님!

복되신 삼위일체 하나님!

그리스도인으로서 우리는 하나님을 예배하는 특권을 가졌다. 그분은 만물을 창조하시고 만물을 새롭게 하시는 거룩하신 하나님이시다. 우리는 하나님을 예배하기 위해 지음 받았다. 우리가 할 수 있는 일 중에 이보다 더 위대한 일은 없다. 언젠가 우리가 천국에서 온전하고 순결하게 하나님을 예배할 날이 올 것이다. 이 땅에 사는 동안인 지금, 예배는 우리의 소명이며 매일 예배할 수 있는 것은 크나큰 영광이다.

이는 만물이 주에게서 나오고

주로 말미암고 주에게로 돌아감이라

그에게 영광이 세세에 있을지어다 아멘(롬 11:36).

BIBLE BASICS

사명선언문

너희가 흠이 없고 순전하여……세상에서 그들 가운데 빛들로
나타내며 생명의 말씀을 밝혀 _ 빌 2:15-16

1. 생명을 담겠습니다
만드는 책에 주님 주신 생명을 담겠습니다.
그 책으로 복음을 선포하겠습니다.

2. 말씀을 밝히겠습니다
생명의 근본은 말씀입니다.
말씀을 밝혀 성도와 교회의 성장을 돕겠습니다.

3. 빛이 되겠습니다
시대와 영혼의 어두움을 밝혀 주님 앞으로 이끄는
빛이 되는 책을 만들겠습니다.

4. 순전히 행하겠습니다
책을 만들고 전하는 일과 경영하는 일에 부끄러움이 없는
정직함으로 행하겠습니다.

5. 끝까지 전파하겠습니다
모든 사람에게, 땅 끝까지, 주님 오시는 그날까지
복음을 전하는 사명을 다하겠습니다.

서점 안내

광화문점 서울시 종로구 새문안로 69 구세군회관 1층
02)737-2288 / 02)737-4623(F)

강남점 서울시 서초구 신반포로 177 반포쇼핑타운 3동 2층
02)595-1211 / 02)595-3549(F)

구로점 서울시 동작구 시흥대로 602, 3층 302호
02)858-8744 / 02)838-0653(F)

노원점 서울시 노원구 동일로 1366 삼봉빌딩 지하 1층
02)938-7979 / 02)3391-6169(F)

일산점 경기도 고양시 일산서구 중앙로 1391 레이크타운 지하 1층
031)916-8787 / 031)916-8788(F)

의정부점 경기도 의정부시 청사로47번길 12 성산타워 3층
031)845-0600 / 031)852-6930(F)

인터넷서점 www.lifebook.co.kr